U0021669

假面社交

Relationship Exper

李軒洋 著

Part 4

經營關係：讓你建立的「關係」，能爲你所用

二十天！升級你的社交變現能力

我們每個人都處在一個網絡中，既樂在其中又深受約束。人與人之間的連接，形成社交網路；人與物之間的連接，形成物聯網（Internet of Things，IoT）；物種與物種之間的連接，形成生態網路。家族是一張網，公司是一張網，社會也是一張網。在這張網裡，每個人、每個組織都有自己的位置。企業要解決社會問題，上班族要解決績效問題，政府機關各部門要解決社會運作問題……。每個人都在不同的網路裡，若想擁有更高的成就，那就意味著必須解決更大的問題。

換言之，每個人所能覆蓋的網路和他在其中所處的社會位置，深深影響著他的命運。

事實上，一個人的成就和與其影響力的強弱，不只取決於專業能力的高低，甚至還與其所處網路中的位息息相關。我相信，你在生活上或職場中肯定也曾遇到一些看似能力不強，但卻經營得風生水起的人。你不妨仔細觀察他們，這群人之所以能在所處的環境中找到一個很舒適的位置，極有可能是因爲他們擁有不可替代的稀缺資源或獨特能力，也可能是因爲擁有其他人連接不到的社交關係網絡。

我們常把社交關係網絡稱爲「人脈」，即人際關係獲取和維護經營的能力。在科技快速發展的社會，我們每天接收無數的資訊，可以輕鬆連接到足夠多的人，但我們並沒有因此變得更加快樂。相反地，我們面對大量資訊的轟炸、無效的溝通和毫無邊界可言的侵犯，現代人變得越來越暴躁，甚至有越來越恐懼與他人進行有效社交的傾向……。

許多人認爲，現代人的諸多煩惱皆源自人際關係—與自己的關係、與他人的關係，例如自卑或自負，便都是因爲無法釐清與自己的關係，並未站在一個合理的角度去了解自己。而與他人的關係就更廣了，例如情侶、夫妻、親子、部屬、師生、合作夥伴等……，一旦無法將關係脈絡順好，只要遇上事情便很難理清。

五年前，在沒有深入研究人際關係這個課題之前，我曾粗淺地以爲，人際關係就是會說話、能辦事，凡事只需嘴巴甜一些，勤勞一些，就能獲得別人的認可，就會擁有好的人緣，獲得好的人際關係。但直到我眞正深入研究這個問題之後，我才發現原來不止如此。人際關係的建立和經營涉及數個領域、橫跨多項學科的知識，諸如心理學、生物學、神經學、社會學等皆是。

人際關係是每個人都繞不開的話題，而社交能力的強弱，更已然成爲決定一個人能否擁有良好人際關係的基礎之一。

你是否也有這樣的困擾？一來到人多的地方就會變得很不安、走在路上很怕遇到熟人、參加各種社交活動時總是選擇坐在不起眼的角落；又或是你在參加各種聚會活動時，感覺跟誰都能聊上幾句，走一圈逛下來後似乎認識很多人，但往往就在活動結束後便漸漸斷了聯繫，到最後，那些人對你而言充其量就是好友列表裡的一堆人名而已……就這樣，在經歷了一次次的無效社交後，你給自己貼上了「我不擅社交」的標籤。

殊不知這些困擾你的社交問題並不難解決，只是你尚未找到正確的方法。例如如何提高社交關係網絡的品質，我有以下三個建議：

第一，**提高你所能連接的節點數量**。比如各行各業的代表人物、網紅、明星等，這群人所擁有的資源都可爲你的社交關係網「穿針引線」。例如你可以不懂法律，但只要有一個律師朋友就夠用了，畢竟一遇到問題，他能提供你有效的資源、法律諮詢或專業問題的建議。

第二，**提高節點的品質**。**在連接的節點中**，一定要有能讓你十分信任的夥伴與專家，這些高品質的節點越多，構建出來的的網路價值就越大。因此，你需要嘗試與更多優秀的人同行。

第三，**提高傳播的效率或影響力**。在一個關係網絡中，你必須考慮到各節點之間傳遞資訊，是否必須透過你才能實現，以及資訊的傳達是否採用範圍最廣、效率最快、結果最優的方式。畢竟每個人都要重視個人品牌的塑造，這會讓你的社交關係網絡輻射範圍更廣，影響更深。

在漫長的人類文明進化過程中，人們成長進步最快的方式，就是站在前輩們的肩膀上看世界。我覺得有必要把自己的經歷和思考過的一些觀點和經驗方法分享出來，哪怕書中只有某一段話或者某一句話對讀者們有啓發，那我便是開心的。

在這本書裡，我會從四個部分循序漸進地　明，如何解決社交問題，升級社交能力。

第一部分：釐清關係。透過幾種常見的社交心理，例如恐懼、羞怯、逢場做戲等，找到自己之所以不敢、不願甚至不會與人深交的原因。幫助你克服人際交往的障礙，走出盲區，爲日後良好的社交網絡奠定基礎。

第二部分：拓展關係。包括如何與他人建立、拓展社交關係網絡？如何與他人破冰、寒暄？甚至是有效掌握社交時的主動權，迅速拉進與對方的關係。

第三部分：深耕關係。探尋如何走入他人內心，探知他人的眞實意圖；以及如何掌握社交邊界，化解衝突，讓他人願意與你合作，建立更深層次的社交關係。

第四部分：經營關係。如何有效經營自己的社交關係、打造個人品牌、建立人脈、活化交友圈，告別無效社交等，透過以上四個面向，我會給予讀者們一些建議，讓大家的人際關係能夠眞正爲己所用。

在我們的生活中，沒有人可以眞正活成一座孤島。無論你是否喜歡，都有與他人往來的需要。要讓高品質的人際關係爲自己的生活增添色彩，爲工作帶來能量，成爲你不斷突破同溫層、實現個人理想。

李軒洋

Part 1

釐清關係

分析社交心理，克服人際交往障礙

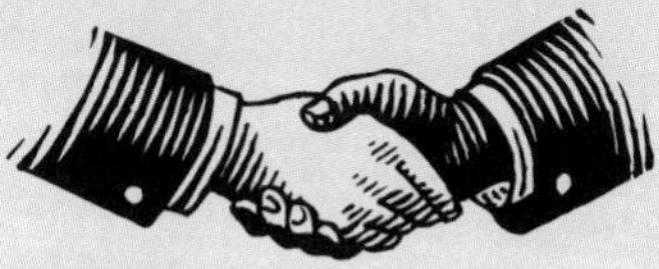

◎社交焦慮：何謂「社交恐懼症」？

◎社交隱形：一踏進社交場合就變成「隱形人」……

◎社交距離：看似跟誰都聊得來，但無法深交？

◎社交真相：交友滿天下，你就是社交高手嗎？

◎社交法則：透過「3E 法則」，建立有價值的社交關係

社交焦慮

——何謂「社交恐懼症」？

你害怕與人交往嗎？若是，那麼請試著描述這個念頭的成因或具體現象。有時只要能寫出來，問題或許就已解決一半了。

不管你是一個生性外向的人，想要擁有更好的溝通技巧，輕鬆應對所有性格的人群；還是性格內向，只想在尊重自身感受的前提下，學習一些溝通技巧，以便有效參與職場上的分工與生活，這本書對你來說都會有幫助。前兩節的內容可能多數人都或多或少都瞭解，但俗話說萬丈高樓平地起，我們還是可以一起掃掃雷，找找自己在處理人際關係中的不足。

我們身邊總能發現有這樣一群人，他們毫不畏懼與人社交，總能迅速地與所有人打成一片並且樂在其中，完全不怕生，根本就是自來熟；甚至無懼他人眼光，更別說擔心別人的嘲笑或冷落……。

你可能在心裡默默稱讚：「哇，他好像就是那個傳說中的社交狂魔喔！」

反之，和社交狂魔相反的就是一種近乎含羞草狀態的人：手機常年關靜音，只要能發訊息就絕不打電話，能打電話就絕不約見面；滿屋子陌生人，只想靜靜地待在角落，生怕別人過來打招呼；甚至是想了很多理由，就只爲了拒絕一次的聚會；開會時生怕被點名要他上台發言，只想原地消失……。

如果你或身邊就有人也有類似的表現，那麼這很有可能就是我們常說的「社交恐懼症」。但其實這個障礙一點都不難解決，想要突破「社交恐懼」這個障礙，可以從以下兩點入手。

「社交恐懼」的成因

想要打破「社交恐懼」，以下四個解決方法不妨試試看。

其實大多數人都是一半是「社交高手」，另一半是「社交恐懼」的類型，通常只有少數人是天生的「社交高手」。所以當我們發現自己或他人身上有這種「社交恐懼」的表徵時，切勿過度擔憂，反而要從心理上去正視它，因爲這是一種再正常不過的現象。

人們在面對新環境總是會擔憂，尤其是對於職場新人來說，什麼都不懂，往往會表現得比較羞澀。或是轉職到新公司時，面對一個新認識的朋友或工作上的合作夥伴時，由於對專業知識的不夠瞭解，或是尚未了解對方脾性，故而在剛剛接觸時，往往會表現得比較含蓄、內斂。但是只要我們慢慢融入這個新的環境和接納了周圍的人際關係之後，一切就會逐漸變得熟絡起來了。

故而我們先來看看，「社交恐懼」究竟是怎麼形成的？

「社交恐懼症」實際上是一個醫學術語，在醫學上還被稱爲「社交焦慮障礙」，是神經症的一種，患者嚴重時還需要配合藥物進行治療。但大家不要談「恐」色變，因爲大多數人口中的「社交恐懼」，遠遠沒有達到病症的程度，這個已經被炒熱了好幾年的網路熱搜名詞，儼然也成爲略帶調侃性質的群體性標籤。

那麼，這個被普遍傳播的標籤，形成的原因究竟有哪些？

原因1 性格使然

多數人普遍認爲，性格內向的人容易患有「社交恐懼」，但我要告訴大家，內向和「社交恐懼」之間不能簡單地畫上等號。你是否曾經發現，患有「社交恐懼」的人總會被貼上「內向」的標籤。例如公司新來的女同事花花，面試時給人的感覺很踏實能幹，表現也很專業，但等到她正式上班後，我發現她其實並不善言談，甚至經常一個人外出用餐，就連同事休息聊天時，她也只是在座位上默默地工作，並未加入談天陣營中。然後過沒多久，我就聽見有人在八卦：「你看那誰誰，眞內向，感覺一點都不合群啊！」

後來在某一次的聚餐時，我跟她聊起了這個情況。她向我解釋說自己並非生性內向，只是有一點「社交恐懼」，感覺害怕甚至不想與別人交流，因爲不知道該聊點什麼，總覺得每天只要把工作交代清楚，把自己該做好的事情做好就行了。所以，花花只是「社交恐懼」而非內向。有此可知，「社交恐懼」不一定就內向，但內向的人往往容易患有「社交恐懼」。

因爲內向的人本身就對社交存有一定程度的恐懼，害怕與人交往，多數時間都是獨自一個人。除了難以融入別人的圈子裡，別人也很難跨入他們的圈子裡。他們有時雖也想改變這個情況，但只要越想改變，自己心理的負擔就越重，更難突破社交障礙。就像是給自己築了一道高牆一樣，裡面的人出不來，外面的人進不去，大家都尷尬。但這面高牆並非內向的人自己決定的，而是性格使然。

別擔心，我之後會傳授大家方法，一起突破，現在就請嘗試先在這面牆上開一扇窗，之後再開一扇門，最後用力推倒它，你就能看見更好的自己。

原因 2 缺乏自信

患有社交恐懼症人在看待「社交高手」時的感受通常是：既尷尬卻又羨慕。真心話應該是「我不如他們，我做不到。」其實這是缺乏自信的表現，這群人往往心思細膩又敏感，既害怕別人看穿自己的缺點，自己偏偏又在心裡把這個缺點放大，關上溝通的門窗，陷入自卑的情緒中……。很多人會在這種負面情緒中給自己下定義，而這當中很有可能存在著兩種認知偏差。

（1）自卑的人習慣替自己貼標籤，否認自身能力。這是第一種認知偏差。很多缺乏自信的人都有著強烈的固化思維，會陷入一種始終技不如人的困頓中，無法自拔。比如一次比賽沒獲得名次，就覺得自己不行；遇到一次困難就覺得自己是個魯蛇……。

（2）想法太多。這是第二種認知偏差。因為自卑的人心思細膩，所以他們還容易從各種不同方面去思考，並且產生負面情緒來「嚇唬自己」，為那些尚未發生甚至根本不會發生的事情杞人憂天。自卑者身上總是存在這兩種認知偏差，這便是阻礙他們突破「社交恐懼」的大石頭。

在漫長的人生道路上，我們有更多的時間是在不斷地瞭解、探索自我，只有正確地認識自我，才能與世界和平相處，而非向他人妥協或與世界和解。我們要知道，外面的世界沒有別人，只有自己。所以，一定要對自己有信心，對於即將發生但不確定的事情，不論結果好壞，都先做好心理準備。

因爲只要在自己的預期範圍內做事，每個人的自信心都會慢慢回升到正常的水準。

原因 3 曾經遭遇重大打擊

除了剛剛說到的性格和心理因素之外，「社交恐懼」還存在第三個原因：那就是曾在社交上遭受重大打擊。我舉一種情況讓大家更理解：如果一個曾經很開朗、善於表達、喜歡交朋友的人，突然之間不願參加聚會，群組聊天時給人的感覺也像是換了一個人，出現恐懼或抗拒社交的情況，那麼這個人便很有可能是在社交方面遭受了打擊。

還有一種情況是：如果一個性格內向且敏感的人，主動邁出社交的第一步，開始嘗試參加朋友聚會，主動與人交流，但說著說著又突然整個人打回原型，那這也極有可能是在嘗試社交的過程中受到打擊，於是又退回原處了……。其實不論是第一種還是第二種情況，都有可能是被社交中的某些言語傷害了，因此在內心留下非常大的陰影，讓他們失去信心。若無法及時走出這種衝擊帶來的陰影，久而久之就會形成社交恐懼症。

現實中其實有兩類罹患「社交恐懼症」的人，一類是面對陌生人時是「社交高手」，但與熟人相處時又變成「社交恐懼」者；另一類則是面對熟人時活脫是個「社交高手」，但在遇上陌生人時又變回「社交恐懼」者。

這兩種人之間，究竟是基於什麼原因而來的呢？

我們先來看下第一類人：面對陌生人時是「社交高手」，但與熟人相處時又變成「社交恐懼」者。

這種人在陌生人面前總是侃侃而談、交淺言深，但在面對熟人時則不敢吐露心聲，甚至面對朋友交談、聚會都面露難色，想盡辦法逃避。實際上，他們是因爲害怕熟人看穿自己內心眞正的想法，或是不想讓熟人知道自己藏在心裡的秘密。例如有人失戀了，會跟計程車司機聊傷心事，甚至就在車上大哭起來，卻不願跟閨密或親人分享失戀心情；或是有人失業了，呆坐在便利超商一整天，跟身邊的大叔聊起自己創業的艱辛，但卻不願回家跟妻兒說說苦處……。

追根究柢，這是因爲他們不想在日後被某人提起這件事，所以選擇對一個陌生人傾訴心事，畢竟這樣能讓他們的社交壓力小一些。例如著名演員黃磊曾在某個綜藝節目中說過一段話，他表示自己出道成名以後，便很少在公開場合去跟老朋友們見面聊天，其中一個原因是缺少共同話題能夠深入聊天，另一個原因就是老友們多半知道自己的底子，知道自己曾經做過的那些不太聰明的事，再見面時難免尷尬。

再說到第二類人：面對熟人時活脫是個「社交高手」，但在遇上陌生人時又變回「社交恐懼」者。

前一陣子，我和一個前輩吃飯。他跟我說起自己最近幾年感觸特別深，就是隨著年齡越來越大，越來越不想主動認識新朋友，反而更喜歡與老朋友親近，喜歡約大夥兒一塊吃飯、喝茶聊天。

出現這種情況的原因在於：熟人社交對於他們來說是舒適區，與陌生人建立聯繫還要費心經營，分散精力，自然懶得去建立新的社交關係；或者是因爲已經建立交往關係的熟人是被動社交，別人主動和他建立的聯繫，而實際可能存在的原因有可能是，他本身缺乏社交技巧或不太擅長與人溝通，根本不知道該如何面對陌生人並與其成爲朋友。

「社交恐懼」的障礙

在明白了「社交恐懼」的原因之後，那麼又該如何突破「社交恐懼」障礙呢？我提供以下四個有效的解決方法，供大家參考。

方法1　建立自信心

第一個突破「社交恐懼」障礙的方法就是建立自信心，建立自信心才能夠讓我們邁出社交的第一步。這裡需要調整一下，前面說到的兩種認知偏差，進行兩種認知方式的轉變。

第一種認知方式的轉變是，**由固化思維轉變爲積極的思維，停止否定自己**。缺乏自信的人對自己總是存在著一種執念，把自己想成是一個固定不變的人，忽略了自我的成長性和可塑性，甚至給自己貼上了「我不如別人」的標籤。想要建立自信心，我們就要把這種執念轉化爲積極的思維，不斷探索並看到自己的優點，並且適時改善缺點，隨時保持在這種狀態中。我在此分享一個提高自信心的方法：列出自己的五到十個優點，並且保持下去。例如最會點菜、最會種花、最會訓練寵物、最喜歡游泳、最會陪孩子睡覺……等，從小地方開始塑造自信心，保證有效。

另外就是保持對更多新領域的探索，多方涉獵新知識，這也能讓我們在擁有更多談資和更多話題的基礎上，建立更多的自信心。

第二種認知方式轉變是，**由想法太多轉變爲找到內在中心思想，並且拒絕輕言放棄**。

缺乏自信的人總是想太多，讓自己深陷泥沼中，須知難以建立自信與我們內在的信念之間有著極大的關係。越能相信生命的價值，便往往越能看到自我的可貴，進而建立自信。所以，找到心裡的那個種子或目標，並且持續澆灌、傾注時間和注意力，肯定就會有芳香自來的那一天。

方法2 積極思考，平靜看待事情

第二個突破「社交恐懼」障礙的方法是：積極思考，以平和心態看待過往經歷。

我們前面說到「社交恐懼」的成因，其中一個就是曾在社交上受過打擊，這些打擊對我們來說無疑是一種傷害。畢竟每個人都會遭受挫折，如果畫地自限，把自己封閉起來，這根本就是一種內耗。這時不如積極思考，從過往不愉快的經歷中吸取經驗與教訓，梳理自己的擇友標準，改用平和的心態看待過往，豈不更好。

方法3 提升溝通、表達能力

第三個突破「社交恐懼」障礙的方法是：提升溝通表達能力，學習社交技巧。

很多人之所以恐懼社會、組織、家庭、朋友、同事和合作夥伴之間的正常交流，是因爲不知道該如何與他人建立聯繫，不知道出現冷場、「尬聊」時應該怎麼辦，也不知道如何與不同關係的人相處。所以，提升溝通表達能力，學習社交技巧，比如如何尋找話題、溝通開場、累積談資等，便顯得格外重要了。其實不論是「社交恐懼」或「社交高手」，撇開心理素質不說，大家的知識水平應該都差不多，所以學習一些溝通方法和社交技巧，是能讓我們在社交場景中更加從容應對的好方法，這能讓我們所遇之人皆貴人，所遇之事皆幸事。

方法4 忽略身體反應，轉移注意力

第四個突破「社交恐懼」障礙的方法是：感知自己的身體反應，轉移注意力。

很多人在面對社交場合時，不僅心裡緊張恐懼，還會產生一連串的生理反應，比如臉紅、手心出汗、全身發抖等。根據強化理論，人們在緊張、恐懼時會過度留意身體出現的緊張反應，這樣反而會強化大腦的神經行爲，加重緊張、不適的反應。反之如果我們內心清楚這個行爲是正常現象，不去特別關注它，那麼緊張反應便會被慢慢淡化，進而讓心裡的緊張情緒獲得緩解。

緩解緊張、害怕等情緒的良方就是轉移注意力。從生物學上來講，人類在面對危險或艱難選擇時，第一個出現在腦海中的念頭就是逃避，選擇遠離痛苦、躲避危險本就是天性，殊不知當我們理性看待事情時，通常會有更好的選擇。

如果你的朋友或家人是「社交恐懼」者，以下幾個關愛「社交恐懼」的指南，不妨試著分享給他們試試看：

（1）別用自己的標準去要求別人。要釐清自己和他人的感受。很多時候可能是你覺得這件事情沒什麼大不了，但這不代表他們也覺得沒什麼。反覆的逼迫只會讓他們更痛苦，也讓你感到挫敗和不受重視。

（2）不逼迫他們去參與社交，試著接納包容。告例如告訴孩子們看到家中長輩時，若想不起對方是誰，不用急著打招呼；遇到不熟悉的人不想跟對方說話，那麼改用一個微笑來代替交談，這也能讓大家感到非常開心的。

（3）當他們對某件事情或提議表示猶豫、拒絕，請給予喘息、思考的空間。

他們不願參加你的餐敘，或在遇到你的時候沒有打招呼，這並不代表他們不喜歡或不在意你，他們可能只是不擅長用這種外顯的表達方式來傳遞關愛。

大家多半會把內向的人與害羞之間劃上等號，其實這並不一定的喔。我們不要被生性外向者的標籤，比如善於溝通、表達順暢這些特質給轉移了注意力。多數生性內向的人確實不擅長或不想和性格外向的人一樣，他們擅長或更專注的其實是內在的思考和規劃，相較於表達，深思反而更容易振奮他們的心緒。

內向的人並不會抵觸參加聚會，在飯桌上哪怕一句話都不說，他們很多時候也並不會感到尷尬或不自在，但他們會因爲參加過多的活動而感到不知所措。像現在這樣一個資訊極其豐富的時代，我們身邊充斥著各種聲音，這些聲音會讓性格內向的人感到無法適從，會讓多數人覺得，某個人總是沉默不語是個很大的問題。殊不知，內向的人是用自己的方式在理解這場聚會、傾聽別人討論的話題、思考各方表達的觀點，等待一個合適自己表達的契機。

反觀外向的人喜歡一邊滔滔不絕地表達，一邊節奏明快地思考。而內向的人更喜歡緩慢有節奏地表達，因為他們想給大腦留下更多有系統的思考空間。所謂「不鳴則已，一鳴驚人」，我始終覺得這句話最適合用來形容內向的人。

人脈交誼廳

如何突破「社交恐懼」？

- 建立自信心
- 積極思考，以平靜看待各種情況。
- 提升溝通表達能力，學習社交技巧。
- 忽略自己的身體反應

社交隱形

——一踏進社交場合就變成「隱形人」……

你曾遭遇過「社交隱形」的窘況嗎？若有，請試著按照本章節的方法，制訂專屬的破解方案。

在參與社交活動時，你是否曾經遇到這樣的難題：因爲自己不善於社交，總是希望他人忽視自己，萬一被旁人注意到，就會覺得渾身不自在。於是乎便在心裡不斷默念著：「你看不見我，你看不見我……」

又或者，當下希望沒有人重視自己說的話，希望其他人忽略自己提出的觀點和感受，也就是在人群中自動「隱身」。

如果你也過有這樣的情況，那你可能會想發問：「爲什麼一進入到社交場合就會變成隱形人？」其實有關這部分可從以下兩點入手：

首先讓我先來幫大家解釋一下，之所以會造成「社交隱形」的四個主因以及在社交活動中提升存在感的四種方法。我們先來看看第一個關鍵點：什麼是社交中的「隱形人」？

比如有些人不論在何時何地，都不希望自己引起他人注意。他們很容易覺得窘迫，多半時間都沉默寡言，臉上沒有太多表情。也有一些人是覺得只要自己隱身於群體之中，別人的評價就是針對這個群體而來，而非是他個人。還有一些人則是習慣在必須表態時，簡單地以「隨便……」或「都行……」這樣的論調回應，久而久之，大家自然就不會再重視他的想法。至於最後一種人，他們相較之下有能力處理特定的社交情形，比如能與少數幾個人和平相處，但卻無法應付「比較重要的人」的關注；或是能夠應付工作形式的發言，卻對與人私下的交往，無所適從。

「社交隱形」的原因

總結起來，社交中的「隱形人」指的是那些由於主觀的意願或者客觀的局限，不希望在社交場合引起他人注意的一群人。造成「社交隱形」的原因是什麼呢？結合我們剛剛提到的四種不同類型的人，來分析造成這種情況的四大原因：

原因 1 羞怯

回想一下，每當課堂上老師說要點名問問題，眼光環顧四周的時候，大多數同學是不是麼要嘛停下玩手機的手，開始裝模作樣地找書看；要嘛悄悄低下了上一刻還在看書的小腦袋瓜，恨不得把整個頭埋到書桌裡，巴不得老師看不見自己……。

又或者，主管開會請大家一同來討論某個專案，號召大家發表一下看法和建議時，是否仍是全員低下頭，心裡恨不得會議趕緊結束？

這群人平時多半沉默寡言，不願意自己在任何形式的社交場合被注意到。而造成這種情況的原因主要即在於「羞怯」。

與大家普遍的認知正好相反，在學術層面中，「羞怯」其實是一種非常普遍和常見的心理特質。在美國的一項大學生調查中發現，有50％的人表示自己擁有羞怯心理，或在人生的某個階段曾存在著這種情況。比起西方人，這個問題在中國社會當中似乎要更爲普遍一些。

此外，這個問題也和年齡有關，在學生當中要顯普遍。當然，多數人只是偶爾覺得害羞，但有1／4的人說他們會經常感到害羞。這些人之中，還有4％的人是非常害羞的一群，無論在何時何地，面對任何人，他們都會覺得害羞。

而害羞的人總是會不由自主地成爲情境中的陌生人，參加各項活動時難以融入群眾；他們會選擇主動孤立自己，獨自忍受內心的猶豫與煎熬。他們很在意自己是否被接納，渴望交往卻又害怕受傷害，因此，他們採取的安全做法就是將自己封閉起來，所以，經常存在羞怯心理的人，自然容易變成「社交隱形人」。

原因2 過度在意他人評價

前面曾說到，這群人覺得只要自己隱身於群體之中，旁人的評價就是針對這個群體而來，而非自己。而造成這種情況的原因就是注意力偏差和負面評價，這些因素為個人的心理帶來壓力。

這種注意力分配的偏差多半表現在，例如：把注意力過度分配在自己身上，總覺得自己的言行會受到別人關注。他們有著過高的「自我感知力」。這是一種時刻意識到自己的狀態，始終覺得有人在看著自己最細微的一舉一動，人人都在注意自己，因而產生極大的壓力，也容易因此產生尷尬的心理。

這種自我感知力超強的狀態，容易讓人把注意力過度集中在自己的言行上，例如擔心自己的上衣鈕扣是否沒扣好？領子是否歪了？妝容看上去夠不夠好？整體表現是否能讓大家喜歡滿意？……總是擔心會得到負面評價。這容易讓人因為細節而陷入極大的不安之中，因而無法從容地進行社交活動。所以，他們希望自己變成社交隱形人。

原因3　在社交活動中，缺乏「態度」

這些人通常習慣在需要表態時，簡單回覆一句「隨便……」或「都行……」，久而久之，大家不再重視他的想法，自然就變成了「社交隱形人」。而產生這種情況的主因是我們在社交活動中扮演的角色缺乏「態度」。

沒有態度，別人就感受不到你的立場和觀點。

不論大家討論什麼問題，你都沒有意見，或只是簡單附和一下，甚至保持沉默。長此以往自然不再有人會去徵詢你的意見。你只需觀察一下就會發現，存在感較低的人多半都是這個樣子。

必須明白，在社交場合中最無趣的回應就是「隨便……」，諸如「吃什麼」、「去哪玩」，這種人往往開口就是「隨便」二字，這只會讓人在與你的相處過程中感受不到情緒和態度，會讓對方感覺自己並未受到你的重視，也會讓人特別感覺到無力感。尤其是在職場中，若你凡事都沒有主見，主管怎麼說你就怎麼做，這只會讓他們覺得很無力，就算想幫你也不知從何幫起……。

當然，除了生活中的溝通以外，還有一些更顯複雜的溝通互動是需要被注意的，例如有人並非不想表明觀點和立場，而是害怕自己表達出來的觀點會被恥笑、忽略甚至反駁，過度關注自己的安全界限，不允許失控的情況發生。長期以往，就會變成「社交隱形人」，無論是在日常生活中還是在職場上，都會漸漸變成一個被大家忽略的人，沒有人注意到你的存在，也沒人會在意你的想法、觀點、意見。

原因4 欠缺社交技能

有些人天生就是無力處理特定的社交形式，例如能與少數幾個人的日常相處，但卻無法面對「關鍵人物」的關注；或是有能力應付工作上的發言或辯論，但卻對私下的交往互動無所適從，而之所以會造成這種情況的原因，即在於缺乏社交技能。

這種人所掌握的社交技能多半只存在於表面上，屬於暫時性的社交技能，比如目光交會、點頭微笑或打聲招呼，甚至是聊一些常規的話題……，他們不知道如何與主管、比自己位階高一些的人或是自認爲相對重要的大人物相處。他們覺得被旁人注意很尷尬，他們害怕若一時之間出現某一些窘況時，自己要以何種方式應對，才能讓氣氛變輕鬆。也就是這個「不知道應該怎麼辦」的憂慮，讓他們在某些場合中會格外顯得無所適從、壓力大，進而希望自己乾脆完全隱形算了。

在社交活動中，提升存在感

在瞭解了形成「社交隱形」的四個原因之後，我們接下來看看，如何提升自己在社交活動中的存在感？

其實你若始終處於社交隱形的狀態，那麼你就無法在適當的時候展現自我，錯失原本屬於自己的大好機會，也無法在社交場合中發現自己其實是能被認可、受歡迎的人，也會因此失去從別人的眞實反應中了解自己、認識自己的好機會。所以，我們需要突破社交隱形的狀態，我建議可從以下四種分法來著手。

方法 1　試著走出舒適圈

面對羞怯心理造成的社交隱形，我們最迫切需要做的事情就是「走出去」。只不過凡事不求一蹴而就，若你已習慣了羞怯心理帶來的社交隱形，一下子要你立刻跳出原有的舒適區，主動參與社交，這很可能反會讓你感到極其彆扭和不適應。因爲畢竟人在舒適區裡待久了，早已懂得如何保護自己，一旦要邁出去適應外面的新世界，結果可能會超乎預期、甚至發生失控的窘況，因而感到恐慌。

但你大可不必擔心，因爲這一切都是需要透過一點一滴地學習而來，學習溝通方式，按部就班地從零開始。每當有一次小突破，就立刻鼓勵告訴自己我又進步了，透過一次又一次的暗示和反省，自信心自然就會慢慢增強。比如首次出席某一個大型會議，那麼你的目標不是要成爲會議桌上最耀眼的那個人，而是告訴自己，只要敢和鄰座的人說說話、交換聯繫方式就行。待活動結束後，離開會議室出來透透氣，拍拍自己的胸口並告訴自己：「大家看著吧，這次我做到了，我保證下次一定能做得更好！」

要利用每一次的社交機會來鼓勵自己進行主動社交。這樣就可以透過社交去嘗試與不同的人交往，並且能夠積極傳遞出友善的信號，還能讓你擁有應對不同情況的方法和能力。

方法2 調整「注意力偏差」的窘境

面對因著注意力偏差帶來的社交隱形，我們需要做的就是調整這個偏差，列出自己的恐懼清單並和現實對照。畢竟每一個觀點的產生，或許都是某種偏見。

在此有件事情你一定要知道，其實大家每天都在擔心的事情很多，但卻並非都是眞實的。因爲我們每個人都有屬於自己的一方小天地，而這方天地的產生，是基於個人本身的認知、生活環境、價值觀和習慣而來，而這就不可避免地會讓自己對某件事情產生偏見。因爲我們多半都是用自己的方法和經驗來認識這個世界，以及看待發生在我們身邊的一切人事物。因此，我提供大家一個調整注意力偏差的好辦法，那就是製作一個恐懼清單，把你擔心的事情寫出來。比如這份恐懼清單可能是這樣寫的：

（1）擔心穿著舉止不得體，別人會不喜歡我。

（2）擔心自己不擅表達，讓氣氛變尷尬。

（3）擔心別人覺得我沒資源、沒價值、沒人脈，不願與我互動。

現在我要恭喜你，當你列出這個恐懼清單以後，你其實已經成功一半了。接下來，你需要做的就是與現實世界進行對照，仔細想想你的預設到底會有多大的概率眞正發生？這當中又有多少是誇張的假設？

接著再認眞地想想，如果眞的發生甚麼事情了，那麼別人的反應和可能發生的其他情況又是甚麼？如此一來，你應該就能夠慢慢意識到。

首先，可能並不會有人注意到我的衣著妝容，大家最多會關注那些奇裝異服的人，所以我不用過度擔心，只要表現得體就好。其次，我只要在別人說話時認眞傾聽，並選擇適當時機表達認可和贊同就行。畢竟大家或許都更在乎表達自我觀點，而非刻意要求我一定要回應，或是關心我是否有表達甚麼意見。至於最後，我可以愼重思考如何爲他人提供小小的建議和幫助，以及分辨哪些人是眞正需要我去　明的。

上述列舉的恐懼清單，大多數和我們猜想的不一樣，兩者間存在著極大偏差。再者，多數人都是心存友善的一群，沒有人會故意與他人爲敵，或公開批評他人。這些用來和事實對照的步驟，相信能夠幫助你逐步調整注意力偏差和負面評價帶來的壓力。

方法 3 化被動爲主動

試著爲自己製造在衆人面前發言的機會，讓自己能被更多人看到，從被動變主動。

當你在某一個領域鑽研得夠久，這時你一定會有屬於自己的專業見解，這時你就可以爲自己創造或爭取一些發表言論、提問、分享甚至授課的機會，把自己掌握的專業知識傳授給其他人。因爲在演講的過程中，站在聚光燈下，拿著麥克風發表言說的人是你，你正是全場最耀眼的那顆星星，肯定會被其他人看到。甚至還會有人對你方才分享的內容感興趣，主動上前來和你接觸，如此一來，你自然就會獲得人脈了。

我在剛進入職場的某一段時間裡，給自己定下的目標就是多開口說話，多進行公眾表達。小到爭取每一次的部門例會發言、公司季度彙報會議等，我要求自己要做足準備，讓大家看到我的專業和努力的成果；之後更擴大到參加線下聚會，線下行業百人、千人的產業高峰會等，我都要求自己一定多爭取一些公開發言的機會，尤其是在提問互動環節，我更是鼓起勇氣當著成千上萬的人面前，向站在台上的講師提問。哪怕只有幾分鐘的時間，但是只要我站起來，拿起麥克風開口講話的那一刻，我就知道自己已經擊敗了與會的那99％的人。

因爲我被看見了，我對外發射了信號，別人就一定能夠接收到，一定會記得我。久而久之，在某些小圈子裡就會有人知道我這號人物，一有相關的合作案就會主動找我。而事實也正是如此，我目前手邊的許多合作案，都是在那時累積出來的。

方法4　提升社交技能

面對缺乏社交技能帶來的社交隱形，我們需要做的就是提升社交技能。然而，想要提升自己的社交技能，確實需要一個長期的學習和訓練過程。我在後續的章節內容中，將會提到如何在不同的社交階段，結交能夠幫助你全面提升社交技能的益友。

比如在從陌生到熟悉的階段，我會教你如何有效拓展社交關係網，如何與人寒暄不冷場；在關係深耕階段，我會教你如何打破心靈壁壘、觸動別人的內心，如何讓他人願意與你合作等；在關係經營階段，我會教你如何搭建人脈關係網，如何在關鍵時刻找對人，活化現有的人際網絡等社交技能。

人脈交誼廳

提升「存在感」的方法

- 走出舒適區
- 列出恐懼清單並和現實對照
- 化被動為主動
- 提升社交技能

社交距離

——看似跟誰都聊得來，但無法深交？

你是否也有無法與人深交的情況？請試著選擇一個突破心防的方法來試試看……。

記得我大學畢業，開始在報社實習的時候，曾經經歷過這樣一個階段：不論在哪裡，身邊總會圍繞著一大堆朋友。聊天的內容與涉及範圍很廣，不論是從事金融、網路還是教育工作的朋友，我都能和他們聊得來，每次吃飯聚會，也從未擔心過自己會落單……。

但弔詭的是，當我在傷心難過時，翻遍手機通訊錄竟然找不到一個我願意向他傾吐心聲的對象；我自詡是個外向開朗的人，那些平時看似聊得來的好朋友，但對他們的印象卻也好像僅限於名字、上次是在哪個聚會場合裡見過面、彼此聊了什麼話題等，除此之外，在其他方面的互動其實少之又少。

明明跟誰都聊得來，卻為何無法深交？

這到底是怎麼回事？

相信很多人肯定也有過這種感受。接下來我們就來分析一下這個情況，並且找到解決辦法。首先來看看什麼樣的交往才算是深交，我會試著從以下兩個方向來總結「跟誰都聊得來，卻無法深交」的五大原因。

首先我們來看看第一個關鍵點：什麼樣的交往才算是「深交」？

我來舉個例子：小明從不主動與朋友分享自己的生活，他基本上不會花時間與新結交的朋友談心，平時也不會向同事和主管說說心事，甚至從未惦記老朋友、老同學，希望瞭解他們的現狀。

如果以上的現象在你身上也曾發生，那就意味著你可以稱得上「深交」的朋友，少之又少……。

究竟要達到什麼樣的交往程度，才能算是深交？

深度社交，應該是可以在社交活動中獲得真實、有效、及時且優質的資訊，能夠因此真正提升工作技能和生活品質的社交。高品質的深度社交，一定可以幫助雙方獲得啓發和幫助的一種交際。

「跟誰都聊得來，卻無法深交」的原因

那麼「跟誰都聊得來，卻無法深交」的原因到底是什麼？

我們其實可從心理學方面來總結出以下幾個原因。

原因1 缺乏安全感，不敢深入交往

這種人害怕和別人深度交流，這跟「社交恐懼症」不太一樣。

我們在前面章節講過「社交恐懼症」患者，他們往往是害怕與人交流、害怕面對群眾、害怕出現在公眾場合，對於必須與人接觸的行爲產生恐懼和排斥心理。反

觀不敢與他人深交的人，他們看似可以輕鬆且有禮貌地與人打招呼、寒暄問候，甚至是表達關心，但他們的內心是極度排斥與那些試圖跟他深入交流的人，害怕受到別人過度的關心，因此對深度社交產生戒備心理。

追根究柢，其原因在於深度社交會讓他們感覺自己的隱私被侵犯，沒有安全感。這其實是對自我的過度保護，很多人擔心自己一旦與人發生深度交流，就可能會暴露出自己在某一方面的不足，而爲了不讓別人看笑話，爲了不讓別人對自己的行爲品頭論足，他們會排斥靠近自己的任何人……。

原因2 不願深交，純屬做戲

我身邊就有這樣一個朋友，他超級喜歡到處結交朋友，任何場合都能應付得來，聚餐時更會主動接觸陌生人，敬酒、遞名片、談合作等等，一年當中，就看他生怕錯過任何一個朋友的生日祝福、節日問候。看似八面玲瓏，做事滴水不漏，但很少有人知道他內心眞實的想法或態度。

因爲他心裡有一堵高牆，他不願意眞正走進別人的心裡，也不讓別人走進他自己的「領地」。

從某種層面上來說，這種心態屬於做戲心理，把社交當作是逢場作戲，他們不願意別人過度打擾自己，也不願意過度參與別人的生活。所以他們從來不會和別人深入探討自己對未來人生的規劃，通常就是輕鬆幾句帶過即可。無論是「不敢深交，缺乏安全感」還是「不願深交，純屬做戲」這都是基於自身的心理因素，讓社交狀趨於表面、形式化。

「社交溝通」的三大陷阱

除了自身的心理因素，有時看似你在與人侃侃而談，但在與人交往的過程中，仍會帶給別人某種「這個人無法深交」、「這個人城府很深」的錯覺。而這也會讓彼此關係流於表面，無法與人深交。這其實陷入了社交溝通的三個陷阱。

陷阱1　與人交談，總以自我為中心

有些人與別人交往時，習慣以自我爲主，自我優先，遇事只考慮自己的訴求和利益，過度關注自己的主觀感受，從未站在別人的角度思考問題。在與他人相處時，從不顧及場合與他人情緒，高興時便自說自話，高談闊論；一旦不順心便鬱鬱寡歡，任誰來關心也不理睬；甚至是亂發脾氣，毫不顧及他人的感受，忽視他人的處境和利益。

因此，持續表達輸出、忽略他人感受、溝通主題始終圍繞著自己，這自然無法與人深交。所以建議你下次與別人聊天時，不妨試一試把「我」換成「我們」，只要心裡想著這件事，找話題時自然也就不會淪入自說自話的窘境。

陷阱2　誤以爲溝通次數越多越好

很多人認爲溝通次數越多，兩人關係就會越好。不知道你們有沒有過這樣的經歷，每天和同事都會有短暫的溝通，和某些朋友也常約吃飯、看電影，但和他們在一起，最多也就是聊聊公司的八卦、談談上學時候的趣事，你們並不會跟對方說說自己內心深處的想法，之間並沒有建立更深層次的聯繫。

所以，**深交的溝通不只在於量，更在於質**。

下次和同事聊天時，如果覺得關係可以更進一步，你大可試著在非工作時間約對方一起出來玩，創造並擁有更多的只屬於你們兩個人的小秘密，這樣你們的關係就會越來越深。

陷阱3 人緣太好，反而顯得不可靠

一個人的精力是有限的，人緣太好的人是無法將精力專注於一、兩個朋友身上的，他花在深交上的時間和精力多半也是有限的。所以，和周圍的朋友到最後都變成只是點頭之交，別人也不會試圖與他們深交。

這種人會被別人戲稱爲「中央空調」，因爲他給所有人的能量都是一樣的。其實只需稍做一些改變，就可以立刻扭轉自己在別人心中的印象。比如在公開場合之外，私下多去接觸你想要深交的朋友。

我就曾經誤踩過這種地雷，遇過這種問題。

記得昔日在負責公司市場業務時，我經常外出會見客戶，在和客戶交談的過程中，我總是誇誇其談，盡情釋放自己的專業知識和個人魅力；對於合作夥伴的各種提問，不管自己擅長與否，總希望能傳遞出一種良好的信號，讓別人覺得公司專業度高，跟我們合作會更靠譜，期望一舉拿下合作夥伴。

後來，和我一起外出的同事悄悄告訴我，他覺得我有時的表達會太過「圓滿」，給人一種滴水不漏、很有城府的感覺……。

聽到這邊我頓時冒出了一身冷汗，意識到自己有時的表達確實過於自我，讓別人感覺不真實。所以，我錯過了很多合作機會。

突破「泛泛之交」的方法

接下來，我們看第二個關鍵點：突破「泛泛之交」的三個方法。

方法1　爲想深交的朋友畫張像

我們要明白什麼樣的朋友值得深交，以及我們願意與什麼樣的人進行深交，所以，我們能爲自己想要深交的朋友做個「畫像」。心理學家包約翰（John Powell）[1]在《爲什麼我不敢告訴你我是誰》（Why Am I Afraid to Tell You Who I Am？）一書中便曾提到，溝通的五大層次基本上就是社交的五個層次。我們可以結合這五個層次，爲自己的社交關係進行分層管理。

（1）**陳腔濫調、打招呼**。例如「最近還好嗎？」、「你看起來氣色還不錯……」這種敷衍式的對話，處在這種關係層面的人，在社交網路裡的佔比大概是40%，一般是從事服務業或是只有一面之緣的人。

（2）**應和型**。因爲組織、宗族、社團等關係，和這群人會有比較多的對話，但因爲雙方沒有利益關係，所以通常不容易引發矛盾和衝突。處在這種關係層面的人，在社交網路裡的佔比大概是30%，比如跨部門同事、同鄉等。

（3）**判斷型**。彼此有較深的利益、情感關係，他們有理由展示自己的想法和判斷，不過爲了確保溝通順暢，你需要主動迎合對方的口味和需求，藉以達到求同存異。處在這種關係層面的人，在社交網路裡的佔比大概是20%，比如同事、閨蜜。

（4）**感受型**。針對這群人，你需要主動分享隱藏在意見和判斷內部的感受和情緒，向對方表達自己的感情，讓對方感受到你的價值。處在這種關係層面的人，在社交網路裡的佔比大概是8%，比如戀人、領導、親戚等。

（5）**默契型**。不需要主動分享自己的想法，不需任何僞裝，只要用眞誠來打動別人即可，雙方一旦存在分歧，只需要回歸事實層面即可。這種關係多存在於家人、伴侶和摯友之間，處在這種關係層面的人，在社交網路裡的佔比大概是2%。

方法2　用秘密去換另一個秘密

突破「泛泛之交」的第二個方法是，利用「暴露自我」來增進彼此互動，用一個秘密換另一個秘密。「自我暴露也稱自我開放，指的是在進行社交活動時主動把自己相對私人的那一面顯示給他人看到。自我暴露的程度由淺到深，大致可以分爲四個層面。

（1）**興趣愛好**。比如飲食習慣、偏好等：例如「我平常最喜歡和家人一起去吃街邊拐角的那家湖南菜了。」

（2）**態度**。比如對他人的看法，對政府部門和時事熱點的評價等。

（3）**價值觀與實際人際關係**。比如自卑情緒，和原生家庭的互動等。

（4）**隱私**。比如自己不為社會接受的一些想法、發生在童年時的「傻瓜行為」等。

良好的人際關係是在雙方交往過程中，逐漸增加的雙向的自我暴露過程中，逐步發展起來的結果。隨著雙方信任度和接納度的提高，彼此會越來越多地暴露自己。所以，若想要與某位朋友深交，不妨試著與他分享一些小秘密，用一個秘密去交換另一個秘密，效果不錯喔。

方法3 提升共情力，發揮同理心

最後我們再來看看，突破「泛泛之交」的第三個方法：提高共情能力。擁有共情能力，會讓我們更加清晰、準確地理解和發現當下所面對的環境變化和情緒情感的流動。

當我們在生活中運用共情力或同理心時，就會明白什麼叫做「設身處地」？我們評價一個人當下的行爲時，會懂得站在他的角度去理解他過去的經歷，代入自己去理解他當下的感受，彷彿自己是在用他的雙眼去看世界，我們需要感受他的情感，揣測他的想法，這會使我們與朋友之間的聯繫更加密切，有利於建立深度社交關係。那麼，共情力具體應該怎麼提升呢？我會在後面的章節中再做詳細解讀。

誠如愛因斯坦認爲「同一個層面的問題，不會在同一個層面理得到解決，只有在高於它的層面時，問題才能被解決。」一個男人如果沒有承擔起丈夫和父親的責任，就會引發很多家庭問題，甚至養育出問題兒童；一對夫妻如果沒有正視夫妻關係、親子關係和父母關係，那這個家庭一定會雞飛狗跳。

我們時時刻刻都需要處理各種各樣的關係，如果因爲沒有擺正自己的位置和角色，那我們就會和所處的環境、人、社會、情緒等發生矛盾和碰撞。

（1）環境。首先來看環境，對於一個成年人來說，他的日常生活、工作、人際交往等都統屬「環境」這個大類別。如果沒有處理好自身和每一類環境的關係，那就會給我們帶來諸多麻煩。例如你住在一個生活環境欠佳的社區，房間格局昏暗無光不說，每天聽到的就是父母的爭吵和鄰居在走廊上的大呼小叫聲，每天早上睜開眼看到的都是雜亂擺放的物件，聞到的是前幾天沒有傾倒的垃圾臭味，更糟的是還能偶遇在一堆毫無擺放秩序的物品中，來往穿梭的蟑螂或老鼠……，請問你的心情會好嗎？

長此以往，即便你是一個愛乾淨的人，會不會也被逐漸同化，逐漸「擺爛」了呢？如果有朋友來訪，看到處於這種生活環境中的你，對方又會怎麼看待你呢？這會不會影響到對方對你的印象和評價？

大家應該都很熟悉〈孟母三遷〉這個成語故事，這個故事其實就是對於身 邊不好環境的一種選擇和抵制，因爲環境對人的影響是潛移默化的。如果發現自己身邊的環境和自己有那麼一絲絲的格格不入，我建議你就要選擇改變它。如果非人為因素可以改變的，那就儘快遠離，遠離那些讓你感覺不舒服、不符合常規的環境，避免自己被同化。生活環境對人的影響是潛移默化的，工作環境對人的影響和一生的發展也相當重要。試問，如果一個人長期處在周圍同事都在渾水摸魚、只顧拍主管馬屁、弄虛作假的環境中，那這個人會變成什麼樣子？

（**2**）**行為能力**。行為不分高低，但有分好壞。一個人做出什麼樣的行為，起決於這個人的價值觀和道德標準。我們想要擁有好的人際關係和成為更好的自己，就要懂得主動拒絕和遠離那些不好的行為。比如不在背後議論他人隱私，不沾染有礙健康的行為或習慣，選擇去做正確的事，勤讀書、多運動，陽光開朗、與人為善，讓自己的身體、精神都充滿正能量。

（**3**）**在自己能力範圍所及內，多多幫助他人**。有關信念、身份和精神，其實更多的是指自己和這個世界的關聯。我們大多數的人來到這個世界上，其實並不清楚是為誰而來？要做什麼？要影響或改變什麼？大家就是按部就班、循規蹈矩地生活，只有少數人對自己的使命和價值異常清晰。

如果不知道自己想要什麼、想要成爲什麼樣的人，那就先確定自己不想要什麼？不想從事什麼行業？不想成爲什麼樣的人？

當然，這個問題很大，大到我們需要終其一生去回答。處在這個「烏卡時代」（Volatile、Uncertain、Complex、Ambiguous，簡稱 VUCA）[2]，到處都充滿著不確定性，我們因此更加需要堅定信念，在不確定當中去找出確定性的東西。比如在生活中堅持良好的品行，在工作崗位上堅守職業道德，努力成爲一個具備專業素養的員工；堅持培養良好的生活習慣，持續提升個人的成長等。

用確定性的因素來影響和面對不確定性的因素，在變化中去發揮自己的專長，尋找屬於自己的人生目標。

「跟誰都聊得來，卻無法深交」的主因

●心理因素：不敢深交，沒有安全感；不願深交，純屬做戲。

●溝通中的三大盲區：與人交談時，常以自我為中心；誤認為溝通次數越多越好；人緣太好，反讓人覺得不可靠。

1.天主教耶穌會的神職人員，曾於西巴登大學、貝拉明神學院和羅耀拉大學擔任神學與心理學副教授。著作豐富，包括許多結合神學與心理學相關的書籍等議題（資料來源：維基百科）。

2.這個名詞是由Volatile、Uncertain、Complex、Ambiguous這四個單字的字首組成，每個單字的意思分別是不穩定、不確定、複雜和模糊的意思。是指我們正處於一個易變性、不確定性、複雜性、模糊性的世界裡。

社交真相

——交友滿天下，你就是社交高手嗎？

想想看，你過去是否經常參加對你來說價值不高的社交活動？

不知道你有沒有過這樣的經歷？

生性愛交朋友，經常參加各種聚會活動，認識很多人，自認爲是社交高手，交遊滿天下……。然而在很多關鍵時刻，需要人手幫忙時，你竟然不知道眼下該找誰才好？

認識那麼多人，爲何到最後卻依然覺得沒有用處？

若再細想爲什麼，更會驚覺自己的手機通訊錄裡朋友這麼多，但卻有很多號碼背後的朋友竟然都沒有再聯繫過？

你想過嗎，我們在參加各種活動，與別人互相加 LINE 當好友、存取他人電話號碼……，這些動作背後的意義究竟是什麼？

朋友多，你就眞的是一名社交高手嗎？

以下章節我們就來徹底解決這個問題，個人建議可從以下兩個關鍵點下手：

朋友多不代表人脈廣

我們先來看看第一點：打破社交誤區，不要誤以爲好友數量與人脈之間可以畫上等號。

碰面時寒暄、交談、交換名片甚至加 LINE……你發現自己手機通訊錄裡的好友名單越來越多，心裡肯定特別有成就感。但你是否發現，名片越存越多，但若再拿起來翻看內容，卻幾乎沒有任何印象。時間一長了，甚至不記得自己是在什麼情況下認識對方的？即便將對方的手機號碼存進通訊錄內，卻也好像沒有打過幾次電話問候彼此；甚至是添加了很多 **LINE** 好友，後來發現除了最初的打招呼、發問安長輩圖以外，幾乎再無交流……，直到最後就是感覺自己的朋友圈內慢慢多了一些陌生人，必須滑半天才能看到一條熟人的動態。

顯而易見，交換名片、加 **LINE** 等並非社交關係的正常標誌，只能說是一次碰面後的標準動作。

很多人在經營人脈時都會陷入這樣的困境，問題到底出在哪裡？其實，陷入這個困境的關鍵點在於：你跨進了一個社交誤區，誤以為社交好友數量就是人脈。然而事實上，**優質的社交其實是重質不重量**。其表現在以下兩大方面：

面向 1　社交物件的品質

我們不能把什麼人都囊括到朋友圈裡來，我們需要花時間考量，一個人是否值得繼續交往，比如人品是否可靠，志趣是否相投，人生是否有交集及其多寡，在某個層面是否可以實現互利共贏……這個方法或許看似有點功利，但有時確實是辨識社交品質的好方式之一。

我們不能挑選親人，但可以挑選朋友。讓不喜歡、不重要的人充斥在朋友圈內，不過就是分散精力、徒增煩惱的無效社交。

面向 2 交往的深度

我們必須明白，交換名片和臉書帳號，只是有了蜻蜓點水般淺淺的聯繫，這只是社交的開始，而不是結果。即使之前和對方有過熱烈的交談，但若沒有後續的行動，一切也只是枉然。畢竟止於認識，卻沒有跟進，若想依賴這樣的關係讓雙方的交情更進一步，這幾乎是不可能的事情。每個人都會有屬於自己的社交圈，按照交往的深度，在自己的社交圈內活動，例如在臉書上點讚的臉友、見面時點個頭算是打過招呼的一群、平日約吃飯打屁的酒肉之交、生意夥伴、患難生死之交……等，不同的社交方式，往往決定了人際關係的好壞，也決定了彼此之間的社會關聯性。

然而，狂撒名片、到處加 LINE、逢聚會必參加，並不能與別人建立深度社交關係，可能頂多是點頭之交。那麼，如何才能讓社交關係從量變走向質變呢？

筆者在此給你的第一個建議就是，為每一個添加到通訊錄裡的人，製作一個「人脈資訊卡片」，記錄你們認識的時間、地點、對方的職業、當時溝通的事項等資訊，接著再把這些基本資訊記錄下來，方便自己日後使用。其實，記住別人的名字，是人際關係中最簡單卻又最重要的方法，他能幫助你給別人留下好印象，也是對這段關係最基本的尊重。**不論在什麼場合，記住別人的名字，是建立好感最快的方式**，沒有之一。

在與一群朋友溝通的過程中，如果你能快速叫出人群中某個人的名字，說上一聲「好久不見」，對方一定會在震驚之餘生出一些小竊喜。能被別人認識，說明這個人的人緣好，說明他在社交中擁有一定的地位。換句話說，如果一個人告訴你，他非常厲害，在某某圈子裡說一不二，但身邊周遭竟無一人叫得出他的名字，那麼你還會覺得他很厲害嗎？恐怕這只是他個人在吹牛吧！

那麼，我又是如何記住那麼多人的名字呢？

其實我通常會在認識一位新朋友時，待雙方做完自我介紹後，貼心地多問對方一句話：「您好，我對人名特別感興趣，而我也希望能在下次與你見面時，可以立刻叫出你的名字，所以你方便告訴我，你的名字背後有何意義或故事嗎？」相信我，當別人開始滔滔不絕地講述背後的故事時，雙方不僅有了溝通的話題，也打開話匣子，還能讓你對於對方的名字印象更深。因爲沒有人不喜歡聽故事，相比兩、三個字的姓名，我們的大腦更喜歡有情節、令人印象深刻的故事。

試想一下，當你跟五年未見的朋友再次見面時，你一開口就能說出來：「哇，我現在還記得五年前我們在某某餐廳第一次見面時，你穿著一身淺藍色碎花裙，我們點了那家餐廳的招牌菜烤鴨，甚至還聊了你當時的理想……。」不難想像，當你說出這段話的時候，對方會有多震驚。除了感嘆你的記憶力眞好，是否還會從打心底覺得「沒想到我在你心中這麼重要，我一定要跟你當好朋友，有好事一定想到你。」

沒有人不喜歡被愛、被關注，**我們要時刻營造別人被關注的感覺，這是人際交**

往中很重要的一門功課。人際交往需要「套路」，但更需要眞誠。唯有眞誠才能經受住時間的沉澱，才不會變形。

如何從廣度社交，走向深度社交？

我們接著再來看第二點：如何從廣度社交，走向深度社交？

方法1 社交定位正確，社交目的明確

這是我們在由廣度社交走向深度社交的第一步。只有這樣，我們才不會把過多精力花費在無效社交上。我們可將社交中的定位分爲兩種：

（1）情感定位。定位自己的情感需求，看對方能否滿足這種需求。

（2）發展定位。定位自己的事業藍圖、人生計畫，這決定了我們需要什麼樣的朋友，能透過什麼樣的社交場合結識並且一同進步。

在生活或者工作中，這兩種類型似乎很難獨立去定位，我們建立社交關係既是

爲了進行情感交流，又希望可以共同進步。所以在大多數情況下，我們建立社交關係的目的都是這二者的綜合體。而定位決定了目的，目的也體現了定位。在建立社交關係之前，我們需要先明確幾件事情——對方是否符合我的定位？我和他之間是否存在過大的落差，以致於完全不在同一個頻道上？你是否曾發現，很有可能這些問題你都還沒有思考過，這直接決定了你的社交關係的品質，可也是大多數人容易忽略的問題。

定位錯誤會導致我們結交的朋友在層次上相差太多，這類社交往往也是無效的。其實「層次」這個詞代表了兩個方向：

（1）層次過高。即便缺乏機會接觸高層次的人，也仍然不斷追求「高端社交」，這就是對社交層次的定位不切實際。「高端社交」確實重要，有機會時也應該把握，但沒有必要將人生的希望全部寄託於此，尤其是當目標與自己的能力不符時。無論你認識多少大咖，只要你的層次達不到他們的門檻，你所獲得的資訊就是毫無價值可言的。因爲雙方的層次相差太遠，他說的你聽不懂，你說的他不感興趣，就算給你機會你也抓不住，畢竟你缺乏與對方相匹配的實力。

（2）層次過低。層次過低就是社交時只「往下看」，與比自己差很多的人交往，掉進一個又一個低層級的圈子中。雖然你能獲得知識、技能、視野、思維、財富等方面的優越感，得到他們的尊重，成爲圈子裡的核心，滿足自己「指點江山」的虛榮心，但這種社交對你而言是不具備成長性的，是低效和自我貶低的。因此，在排除感情因素的情況下，我們應該避免與層次過低的人有太多的交往，要適當地提升自己的社交定位。

效率最高的社交是和與自己層次差不多的人建立牢固的關係，尤其是與比自己層次略高一級的人當好朋友。只有在這種互優的模式中，我們才能理解對方傳達的資訊，實現資源分享、共同成長的目標。高情商的人相容低情商的人，我們只能賺認知範圍以內的錢，若想要賺取更多的金錢，你必須學會提升思考能力，強化遇事時的認知和技能。

方法 2　釐清社交的價值，避免無效應酬

你的時間和精力花在哪裡，就會在哪裡開花結果。在不同的社交關係裡，我們需要有不同的社交模式。這裡並不是說我們要八面玲瓏，見人說人話，見鬼說鬼話，而是分清誰是人、誰是「鬼」？對於一味只想要從你身上汲取養分的人，見都不要見。對一個人的成就高低能起決定作用的，往往不是那些看得見的東西，而是看不見的東西，比如時間和知識。所以，我們需要明確過往參加的社交活動，對我們的意義是什麼？是創造價值還是揮霍時間，進而避免一再參加一些無用的應酬。

方法 3　與核心人物發展「強連結」

史丹佛大學教授馬克・格蘭諾維特（Mark Granovetter）[1]在人際關係網路效益研究中，曾經提到了「強連結」和「弱連結」的概念。「強連結」主要是指一個生活圈和工作圈中的人際關係，比如一起生活的家人和親人、一起工作的同事和朋友、有過共同生活經歷的同學，這些人之間的相處時間比較長，以至於思維模式和行爲

模式都會存在很多相似點。

「弱連結」是指圈子以外的人，通常是不認識或者不熟悉的人，比如朋友的同事或朋友的朋友。「弱連結」的人在生活中缺乏交集，彼此之間會因爲各種溝通障礙和現實問題，而處於相對隔離的狀態。如果說，「強連結」更加重視情感的抒發，那麼「弱連結」則更加注重瞭解資訊、拓寬視野。對「強連結」和「弱連結」的論證，並不意味著就要犧牲掉強連結，或者努力維護「弱連結」，而是要求大家調整自己的社交態度。如果用面對「弱連結」時的社交態度和技巧來面對「強連結」，那麼大家就能夠更妥善利用「強連結」的優勢來發展深度社交。你需要對你的人脈網路進行分類，找出幾位核心人物，與他們發展「強連結」，建立深度社交。

因爲我們每個人都一直在向前奔跑，都在成長，大家都在學習新的方法，接觸新的資源和人脈。一定頻率的溝通能讓彼此的資源和資訊互相流動，或許就能解決你眼前遭遇的難題。我有一次在逛書店時，發現一本自己初中時經常和同學一起偷看的小說，記得我們兩人下課看、吃飯看、睡覺前看，甚至連上課都偷偷看……。

於是，我拍了照片並發給那位初中同學。

在發照片給他之前，我們已有近十年沒聯繫了，但是當我拍下書籍封面的照片並發給他時，他立刻回覆我訊息，並且打下了一大串的「哈哈哈哈……」。經過此事之後，我倆重新建立聯繫，開始互相瞭解各自的近況。後來，他還利用自己的資源，幫我引薦了一個新的合作案。

人脈交誼廳

如何從廣度社交，走向深度社交？

- 釐清社交定位，明確社交目的。
- 明確社交活動價值，避免無效應酬。
- 與人脈網路裡的核心人物發展強連結，建立深度社交。

1.（1943.10.20～）美國社會學家，以研究社會網絡和經濟社會學理論而成名。發表的論文是史上被引用最多次的學者之一（資料來源：維基百科）。

社交法則

——透過「3E法則」，建立有價值的社交關係

你屬於哪種性格？工作能力是否夠專業？與你互補的通常又是哪種人？

假設：有一天你身無分文地走在大街上，要你向每個經過的路人乞討10塊錢，你覺得對方會是什麼反應？換個角度，換成是你給路過的每個人10塊錢，他們又會是做何反應？

如果你是業務員或從事市場行銷的市調工作，對這個故事應該會深有同感。因爲業務最好的方式就是先給予，再索取。一段有價值的關係，也更應該是如此。有來有往，才能像滾雪球一樣，雙方因此加深信任感、聯繫也會越來越頻繁。故而，

有價值的社交關係，應包括以下幾個特徵：

（1）價值。自己擁有一技之長或稀缺資源，堅信能幫到別人，先成爲一個對別人有用的人。如果你有價值，社交關係基本不需要刻意維護。

（2）信任。雙方互相在對方的「信任銀行」裡擁有等值額度。

（3）坦誠。絕對坦誠，敢於認錯，勇於認錯的人往往在一段關係裡掌握著主動權，而且會很有格局。盲目的社交會讓我們陷入人際困境，既沒有在共情社交中得到情感共鳴，也沒有在價值社交中得到實質的利益。自身能力不強，即便認識再多人都沒用。而運用「3E法則」，便可幫助你建立有價值的社交關係。

3E分別是：Exchange（交換）、Energy（能量）、Excellent（優秀）。我們先來看看第一個「E」：Exchange（交換），也就是社交中的互惠定律，價值交換。簡單來說就是你怎樣對待別人，別人就會怎樣對待你。一段好的人際關係肯定是互惠互利的，只知索取卻不肯回報的人，往往不受他人喜愛。

一位心理學教授做過一個實驗，恰恰證明了這個定律。

他在一群素不相識的人中隨機抽樣，給挑選出來的人寄了聖誕卡片。但沒有想到，大部分收到卡片的人都回信給他，但實際上彼此都不認識的。而給他回贈卡片的人，根本就沒有想過打聽這個陌生的教授到底是誰，他們收到卡片，自動回贈一張。他們也許想，可能自己忘了這個教授是誰了，或者這個教授有什麼原因才給自己寄卡片。不管怎樣自己不能欠人家的情，反正回寄一張賀卡準沒錯。

這個實驗證明了互惠定律的作用。當然，你也可以使用這個原理來提升自己的影響力。如果從別人那裡得到了好處，我們應該回報對方；如果一個人幫了我們，我們也應該幫他，或許回贈禮品，或許請吃飯，怎樣都好……。如果別人記住我們的生日並贈送禮物，我們也理應同樣回報他。

人與人的相處其實很簡單。你希望別人把你當朋友，那你必須先把別人當朋友。

我們再來看看第二個「E」：Energy（能量）。優質社交的本質是提升自我，成爲一個有能量並可賦予能量給他人的人。我們想要建立有價值的社交關係，其前提即在於自身的存在價值。社交活動本就是一個需要相互吸引的活動，誰的能力更大，誰的價值更高，誰在社交活動中就更受歡迎。正因如此，一個人只有完善和提升自己的價值和能力，才能贏得他人的認同和關注。

如何提升自我，找尋自我價值

說起拓展社交關係中最常見的問題是：我想認識大明星、企業家、名媛貴婦，或是一切能力比我強、影響力比我大的人，我想得到他們的幫助，所以該如何結識他們？通常，你和這些人的差距越大，碰壁的可能性就越大。即使取得對方的聯絡方式，甚至有機會當面做自我介紹，但結局往往也是：你認識他們，他們不認識你。

你不用急著抱怨社會太現實，此時不妨先易地而處。想想，如果你是他們，你會想要結交什麼樣的朋友？如果你是他們，會和現在的你交往嗎？

如果我們想要和優秀的人建立有價值的社交關係，根本在於提升自我，然後再分享給別人。至於怎麼才能提升自我，找到自己的價值呢？我從兩個方面來給你建議：

方法1 做個擁有一技之長的人

技能的範疇很廣，寫作、彈琴、畫畫、剪輯、滑雪、烹飪等都是技能，任何人都需要掌握至少一項技能，這是維持人際關係的基礎。有了技能，就可能在社交中找到共同的話題或滿足他人需求。如果一個人一無所長，或者毫無特別出眾的能力，那麼整體上就會顯得平庸且缺乏亮點，以這樣的狀態自然很難吸引他人目光。想辦法讓自己擁有一技之長，以互惠思維去社交，在別人有需求時能提供幫助，解決別人生活或工作中的難題，這段關係才可持續發展。

方法2 培養好奇心，增廣閱歷

一般來說，經歷豐富的人，通常能給人一種踏實感與敦厚感，他們內心豐盈，會帶給他人更多的人生經驗和感悟。所以人們應該重視個人氣質的培養和對生活的體驗。這些氣質還會從思想和觀念上體現出來，不同的人具有不同的文化背景、生存環境、性格特徵，這些很容易成爲社交的障礙，因此人們必須以開放和正面的心態去聆聽和接納他人，提升自己的思想包容度，這樣才有助於和別人建立更加穩定的關係。

結交優秀人物，建議有價值的社交

待提升自我之後，我們就變成了自己想要交往的朋友的「樣子」。

那麼，該如何結識優秀的人，建立有價值的社交？

我們接著來看第三個「E」：Excellent（優秀）。高品質社交法則，就是持續與優秀的人交往。有人說「一個人會活成什麼樣，取決於他認識什麼人？」、「朋友的高度，決定了自己的高度」。選擇優質朋友往往會對個人的生活和工作產生積極影響。當我們認識更多優秀的人時，往往可以獲得更多優質的資源。一般來說，在社交關係中，優秀的人往往有這樣幾個特徵：號召力強，關注度高，人際關係相對複雜。按照這樣的特徵去尋找將會更加有效。總結來說，我們能跟以下三種人建立有價值的社交關係，分別是：價值更高的人、互補性強的人、有上進心的人。

第一種人：價值更高

選擇一個更有價值的人作爲社交物件，能夠更好地激發自己對社交的興趣，同時促進自我能力的提升。

第二種人：互補性強

一般來說，優秀的投資者會對自己的投資項目進行分類，把投資到不同類型的資產上，形成一個巧妙且合理的「投資組合」，也就是「雞蛋不要放在同一個籃子裡」，在社交方面也是如此。對不同的社交關係需要進行分類，比如將同學、朋友或閨密納入無利益關係的好友群；將主管、同事、客戶、合作夥伴撥入價值關係類中；將下屬、看好的年輕人分入潛力股類；將那些比自己更出色的人、偶像或者某一領域的前輩分入提攜自己的類別；將那些和自己並不熟悉但能夠提供建議的牌友、球友等分入休閒興趣類。

畢竟不論是角色互補、工作互補等，每種互補的本質都是爲了實現利益的最大化，換句話說，互補的人在社交過程中將容易產生相互吸引，更容易在溝通中產生深入交流。

第三種人・具有上進心

高品質的社交法則是：不僅要儘量把時間留給那些你在乎的人，更要留給能給你帶來正能量的人，這樣才能打破天花板，打開上升通道。

上進的人通常具備積極健康、樂觀向上的特質，他們在生活和工作中保持樂觀，能夠以積極的心態看待事情，他們具有更加年輕的心態、更加執著的信念、更爲專注的態度、更明確的目標。此外，上進心強的人往往具有很好的發展前景，即使當下的價值不高，也很容易成爲「潛力股」。這些特質本身就具有很強的吸引力，可以吸引更多的關注，因此可爲雙方發展深度社交，奠定基礎。

人脈交誼廳

「3E 法則」幫助你建立有價值的社交關係

- Exchange（交換）：你怎樣對待別人，別人就會怎樣對待你。
- Energy（能量）：優質社交的本質是提升自我，持續儲備能量且能夠贈予旁人。
- Excellent（優秀）：持續與優秀的人交往。

Part 2

拓展關係

從陌生到熟悉，有效放大你的人脈

◎快速連接：有效拓展社交網絡的方法

◎首因效應[1]：初次見面，如何留下好印象？

◎破冰技巧：如何與陌生人寒暄卻不冷場？

◎拉近距離：「相見恨晚」其實很容易

◎掌控談話：有效控制「交談主動權」的三大階段

1. 係指彼此的「第一印象」將影響雙方日後的交往。

快速連接——有效拓展社交網絡的方法

下次若有機會參加社交活動，請提前寫出五個與任何人都能瞬間打開話匣子的話題。

每當我們工作不順利或感覺近日總是烏雲罩頂時，心裡肯定會想：「如果我有夠用且有價值的人脈資源，那麼我就能夠透過他們幫我順利達標。」、「如果我認識哪位關鍵人物，那麼現在做這件事情肯定就方便多了……」。由此可見，「人脈」用時方恨少，只有平時注意挖掘潛在的人脈資源，遇到困難時方才不會手足無措。

朋友的幫助讓你順利渡過難關，即便他們無法直接伸出援手，爲你出謀劃策，但身邊有人可以商量的感覺，總也能讓你的心靈感到安慰。

那麼，我們應該如何有效拓展自己的社交關係網絡，找到自己想找的貴人呢？以下三個拓展社交關係網的管道，大家不妨參考看看：

管道1 請朋友推薦

管道2 利用網路社群平台

管道3 持續參與實體的社交活動

首先我們來看看，如何透過朋友的推薦來拓展社交關係網。

1929年，匈牙利作家弗里傑斯．卡林西在其創作的短篇小說《鏈條》（Chains）一書中首次提出「六度分隔理論」（Six Degrees of Separation）這個概念，通常也叫「六度人脈」，並在1967年，由美國哈佛大學的心理學教授史丹利．米爾格蘭（Stanley Milgram）[1]加以驗證了這個理論。所謂「六度人脈」是指，世界上所有的人都可以透過六層以內的關係鏈和任何其他人聯繫起來。簡單說就是「你和任何一個陌生人之間所間隔的人，通常不會超過五個，也就是說，你最多透過六個人，就能認識任何一個陌生人。」

六度分隔理論以「認識朋友的朋友」爲基礎，透過網路擴展人脈，並以此無限擴張之。等到有需要時，即可隨時獲取這個人脈的幫助。在現實社會實踐中，透過六度人脈關係理論所擴展的人脈，在社會的各個領域，各個角落中供應著彼此之間的需求。

簡單來說，每一個擦肩而過的陌生人，都有可能就是你的第六度人脈。

而在尋找這些人時，我並不建議大家擴大撒網，因爲這效率太低。我建議你不妨在各行各業中找尋幾個「節點式」的人物，就像人們每次租房多半會選擇仲介公司幫忙，反而不太可能自己逐一去聯繫房東一樣。又比如，我會擁有自己的家庭醫生、擁有一個幫自己做髮型的造型師、一個經常合作的律師朋友等等，只要我有任何法律問題，便可在第一時間向他請教。如果他們也不太清楚，他們會幫我去找對應的人或書籍確認，這遠比我自己去摸索更有效率了。　而如何讓你的朋友願意幫助你呢?以下三個方法供大家參考。

方法1　建立令人難忘的個人品牌

藉此提升自我價值，一旦你的價值得到朋友認可，朋友自然願意把你推薦給他的朋友。這樣一來，不僅可讓你們雙方的關係更加密切，也有助於讓你與朋友引薦的新朋友之間，關係更進一步，實現雙贏。

方法2　與建立的人脈保持聯繫，適時出現

記得不能在需要幫助時才想起需要聯繫朋友，平時卻毫無聯繫。我們需要與朋友保持良好的聯繫，並且在適當的時候出現。我趁機跟大家分享一個最簡單的方法：我每年都會給一些小禮物給工作上的合作夥伴、好朋友、曾經幫助過的我的前輩或師長們民，選擇的禮物可以是對方感興趣的一本書、一套茶具，或是一箱自己家鄉盛產的水果等。不管是什麼，這份情誼和你傳遞的關注，對方一定會記住。

方法3　主動向人脈網路請求引薦

如果想讓人脈圈的朋友成為自己的義務推銷員，那你還要告訴他們自己希望結識哪一種類型的朋友，以及你非常珍視他們對你的幫助。當然，若你一湊上來就問：「你認識OOO嗎？」這樣可能會讓人感到突兀甚至覺得被利用，效果肯定很差。

那麼，怎麼做才是正確的推薦方式呢？

我給大家的答案就是—尋求幫助和建議，並明確需求，而非命令式要求。比如「我想找一份新工作，你知道哪裡需要人嗎？」這就是錯誤的問法，倒是你可以改一種方式試試看：「我聽說你認識很多金融業的朋友，這方面你比較專業，所以想問你最近有沒有聽說，哪家公司在徵人呀？」，這樣或許還有機會成功。

除了朋友之間的推薦，我們還可以通過社交場合或社交平台來拓展社交關係。接下來，我們看看第二個「拓展社交關係」的管道：通過網路平台拓展社交關係網。

在通信技術尚未發展完備的時代，人脈主要產生於面對面的正式接觸或非正式的社交場合上，比如專業的論壇、商業聚餐、行業高峰會、同學間的餐敘或同事們下班後的聚餐等等，你記錄連絡人的方式，可能仍是筆記本或名片收納夾之類的。如今隨著通訊技術快速發展，LINE、臉書或IG等社交平台的崛起，網路社交也成爲現代人拓展社交關係網的重點方式。社交平台可以讓忙碌的專業人士不受時空限制，管理大量「連絡人」，效率也遠高於線下面對面地建立關係。

而究竟什麼類型的線上平台可以幫助你、我拓展人脈呢？

（1）**聊天工具**。隨著LINE、臉書或IG的廣泛使用，人與人見面交換名片只是一種客套行徑，大家現在甚至不再向對方要名片、電話，反而是直接問道：「可不可以跟您加個LINE呢？」

（2）**線上論壇或粉絲社群**。像臉書、IG等網路平台都有專門的粉絲團群組，裡面的成員多半都是因爲擁有相同喜好而聚在一起的人。在這些平台中，你可以找到與自己擁有共愛好好或擁有同樣經歷的人。

（3）**求職平台**。瞭解了什麼類型的線上平台可以拓展人脈之後，我們又該怎樣拓展社交關係網？在此我有以下三個建議。

建議1　如何加好友

如果我們想在聊天工具上加一個人為好友，不論是剛剛在聚會上已經見過面，還是經過朋友推薦，請不要直接發送好友申請，記得一定要寫上幾句話，特別是能夠與他建立關聯性的話語，之後再發送好友申請。這樣才能讓對方明白你是透過什麼管道找到他的。

如果你想提高願意加你好友的機率，記得不要只發送一次申請，請多添加幾次，會給別人感覺你非常想要結識他，進而加快答覆你的加好友申請。

建議2　如何在網路上保持聯繫

不論是LINE還是論壇或粉絲團等，在加了好友以後，如何讓這個人脈不至於變成「僵屍好友」，那麼選擇正確聯繫對方的節點就顯得非常重要。既可讓人知道我們並未忘記他，又不會過於頻繁地出現導致他人反感。比如我們可在對方朋友圈下按讚，時不時地發個評論，表現我們對朋友生活的關心和注意。如果對方升職或遇到很開心的事，我們更可藉此向對方發出誠摯的祝福；另外在適當的節日時，我們也可以發送問候的話語。但請注意一點，一定要是自己親自寫的文字，否則很難得到回覆。

最後給你一個建議，不要只評論最新發佈的狀態，可以往後多翻一翻再評論，讓對方感覺自己更受到你的關注。

建議3 經營朋友圈

當我們加了一個新朋友的LINE，對方肯定想透過你的朋友圈來增加對你這個人的瞭解。如果打開又能看見一條設置「朋友圈僅三天可見」的線，或裡面完全沒有內容，這時對方的內心肯定會產生一些失落感，就好像被你邀請進了家門，卻發現家中所有的門窗都是關著的，並且還上了一把重重的鐵鎖……。

與其限制自己的表達，不如給朋友們分類、貼「標籤」。例如因工作而加的朋友，可以加上工作相關的標籤，藉以排除「非私人關係」的閱讀。而一般轉發某些代表個人觀點或關注的貼文，則可開放給所有人觀看，比如最近讀過的書、看過的電影、關注的話題、認可的文字等。需要格外注意的是，沒必要做得像是在搞行銷那般，早中晚各發一條貼文，但一定要具備你個人的風格，便於別人一看就知道，深獲感動。

分析完如何透過網路平台拓寬社交關係之後，我們再回到常規的社交場合上。也就是第三個管道：實體活動。同樣的，我們首先必須明白，什麼類型的社交活動可以拓展人脈。

舉幾個例子，例如公司舉辦的職工聯誼活動，像是有員工離職、新人聚餐、下午茶時間等，抑或是頒獎晚會、商業活動、培訓課程、行業高峰會等，這些社交活動與網路平台上的論壇或粉絲團的性質很類似，參加活動的人往往擁有共同嗜好、經歷或目標，大家可以藉此場合快速拓展自己想要的人際關係。

---

1. 天 1933.08.15 ~ 1984.12.20）美國社會心理學家，1960 年在耶魯大學進行著名的米爾格蘭實驗，測試人們對權威的服從性，進而發表「六度分隔理論」（資料來源：維基百科）。

首因效應

——初次見面，如何留下好印象？

你參加某一個聚會，席間剛好有一位你很想結識的新朋友，你該準備什麼樣的自我介紹，讓對方馬上記住你？

我相信大多數人都曾有過這種感覺，自己對某個人的第一印象往往決定了雙方日後關係的走向。比如從上班到回家的這段路上有幾家便利超商，在這些店的位置和販賣商品都差別不大的情況下，我們是不是會根據店員帶給我們的感覺好壞，選擇是否要再次光顧它呢？再比如，網路好評不斷的美食餐廳，如果我們終於能夠進去消費，但坐定位後發現服務生愛理不理人，這樣就算菜色再美味，想必我們也不會再去消費了。

這就意味著第一印象確實相當重要，人們會依據遇見對方時，彼此那一瞬間的感覺，主觀地判斷自己看待對方的印象。同時，這種判斷會讓雙方今後的關係產生很大影響。而在心理學上，這種現象被稱爲「首因效應」（Primacy Effect）**1**。

第一印象說穿了就是給他人留下「我喜歡這個人」的好印象，只不過與人初次見面，應該如何做才能留下好印象呢？讓對方立刻記住我們，並且願意與我們建立長久穩定的社交關係？

以下這個章節的內容就要來教大家，如何成功地建立良好的第一印象，筆者建議可從以下兩個方面入手：

建立「良好第一印象」的方式

也許有人聽說過「麥拉賓法則」（The Rule of Mehrabian）**2**：一個人對他人的印象，有55％取決於表情等視覺資訊，另外則有38％取決於聲音或說話方式等聽覺資訊，而談話內容竟然只占了7％。所以在初次見面時，比談話內容更重要的關鍵是視覺和聽覺訊息。

接下來就讓我們來逐一分析：

關鍵1 面部表情

相信你在停車場的繳費出口處等待繳費時，一定常會遇到一個露出八顆牙齒、面露標準笑容的工作人員在爲你服務，待交完停車費用，無須等你回頭，這位仁兄或小姐立馬面無表情……到百貨公司專櫃買鞋，剛剛才想找櫃姐詢價，卻一眼撇到對方正板著臉跟在你後面……，於是，你索性擱下東西直接走人了。

事實上，這種無意識的面部表情，也就是大家常說的「面無表情」，很大機率會被別人看成是一種可怕或令人討厭的表情。若無意識到這一點的人，往往容易因爲表情管理的問題，給別人留下不好的印象。

如果在第一次見面時，我們用微笑面對對方，能夠給對方一種我們喜歡交朋友的感覺。更何況這樣的舉動，也能夠傳遞一些快樂的氣息，讓人情不自禁地感受到我們的快樂，從而對我們留下深刻印象，豈不更佳。

請記住，笑容一定要眞誠，那什麼才是眞誠的微笑呢？

眞誠的微笑是講究對稱的、嘴角上翹、發自內心的一種表情。你是否發自內心地笑，其實透過眼神和全身的肢體語言，這是絕對騙不了人的。不自然的笑容通常必須牽扯嘴角上揚、眼神裡缺乏笑意，渾身上下也顯得很不自然、無法放鬆……。所以請記得，微笑時務必要發自內心。

關鍵2 傳遞友好資訊的「SOLER」模式

彼此都是陌生人，初次相見時肯定都會無意識地互相打量、揣測對方。那麼，我們應該如何把熱情傳遞給對方呢？

比起動人的言辭，無聲的肢體語言往往更加直觀且可信。

社會心理學家艾根（G.EGAN）研究發現，在與人相遇之初，若按照「SOLER」模式來表現自己，通常可以明顯增加他人對自己的接納程度，讓自己在對方心中留下良好的第一印象。其實「SOLER」是由五個英文單詞的開頭字母組合起來的專業術語，其中包括：

S（Sit）：以坐姿或站姿面對別人

O（Open）：姿勢要自然開放

L（Lean）：身體微微前傾

E（Eyes）：目光接觸

R（Relax）：放鬆

利用「SOLER」模式表現出來的基本人設就是「我很尊重你，對你很感興趣，內心是願意接納你的」。在與人初次見面時，畢竟雙方都是處於不瞭解對方的狀態，故而我們會習慣透過肢體語言來瞭解對方，判斷他對自己的態度、認可程度，以及對方的處事方式等等。同時，不雅的小動作也會破壞你的良好形象，所以與人初次見面時，記得有三個陷阱，切勿跳進去：

（1）與人面對面交談時，頻頻用食指去指人

（2）不停地搖晃身體或抖腿

（3）用餐時拿器皿敲擊餐具

關鍵3 適宜的音量、語速、語氣、語調

前面曾說到，一個人對他人的印象分數，其中有38%取決於聲音或說話方式等聽覺資訊。因此，一個人在表達意見時，語氣是否清晰、聲音是否刺耳、語調是否符合當下情境，這些都非常關鍵。而且首當其中的就是語氣和語調，這將充分反映一個人當下的情緒狀態。

我們可以把語調簡單分為：明快語調、低沉語調和一般語調這三種。比如當你使用明快的語氣跟某人說「早安」，這時就會傳遞出一種爽朗、歡快的感覺，反觀若使用低沉音調說出，這時往往就會傳遞出一種低落、萎靡的感覺。故而我們要結合不同的場景，選擇合適當下氣氛的語氣和語調說話。例如與初次見面的陌生人打招呼時，為了留給別人一個好印象，那麼我們便應當選擇明快語調與別人熱情地打招呼，這樣才能帶給旁人陽光、歡快的感覺。

其次，**透過聲量大小、語氣的強弱，可傳遞出身體或精神狀況，以及是否擁有自信**。通常說話聲音小而弱的人，會給別人一種有氣無力的感覺；聲音洪亮有力，帶給人的就是充滿陽光與自信的感受。當然，聲音也並非越大越好。例如在像是圖書館之類的安靜場合裡，或者雙方處於近距離溝通的時刻，這時只需選擇可讓對方聽清楚你說話的音量即可。

最後，**說話速度反映一個人的性格特點**。如果你屬於說話速度比較快的人，這通常會讓人覺得你或許生性較急躁。相反地，如果你說話速度適中，這時就會給人一種平靜的感覺，留下穩重的好印象；再者，如果你說話速度過慢，那恐怕會讓人覺得你搞不好就是個慢郎中，做什麼事情都不著急。

總之，你若想要強調某件事情的重要性，那麼就試著把說話速度放慢。在視覺和聽覺資訊上留給對方良好的印象之後，再來看第二個面向：有力的自我介紹，讓人立刻記住你。

犀利的自我介紹，讓人馬上記住你

「大家好，我是○○○，來自○○○，我的特長是……」

「○○○，我的愛好是○○○，我從事○○○的工作……」

相信每個人都聽過類似的自我介紹。這種內容其實很普遍，基本上不會給人留下什麼特殊印象，很難讓別人立刻記住你。

我們要明確自我介紹的目的。

自我介紹的目的是要讓別人記住你，產生願意與你繼續交往的動力。因此，如何在初次見面時利用自我介紹來為你留下深刻印象？

除了報上姓名（或暱稱甚至是英文名字）、職業、來自何地等常規的資訊之外，抓住眾人注意力的自我介紹方式非常關鍵。在這裡，我為大家提供三個建議。

建議1　自我介紹的內容，要有重點且特殊

如果能在介紹自己時，適時地說說真正讓自己產生熱情的東西是什麼？自己的價值在哪裡？聽者通常就能快速找到與你的共通點，或看到你的價值，從而連結需求。在此我提供兩個可以引起別人興趣的話術讓大家參考。例如「我熱愛的是＋自己熱衷的事情」，比如我熱愛的是寫作，我會觀察身邊一切事物來積累我的寫作素材……。或是「從十歲起，我就一直想＋一個一直以來在做的事情/保持的一個習慣……」，這樣就能很快激發別人對我們的興趣。

建議2　提出的亮點，必須能讓人記住

什麼資訊可以突出我們的亮點？建議不妨從名字、性格、氣質的描述上，參考與對方的共同點後再來入手。這裡提供大家三個很有效的話術：

（1）給自己「貼標籤」：我可以用幾個詞來總結自己……例如「我可以用三個形容詞來總結我自己：有毅力、有熱忱、有創意」

（2）表達自己人生中的重要理念：例如「我最喜歡的一句話是……」

（3）眾人的評價，讓大家更客觀地瞭解你：例如「瞭解我的人都會說我是……

人們常稱讚我……」

公司來了兩位新同事李慧和袁弘，在做自我介紹時小惠說：「你好，我是業務部的李慧，以後請您多關照。」小袁說：「你好，我是行銷室的袁弘，您可以稱呼我小袁，我特別會做 PPT，以後若有用得上我的地方，請您隨時找我幫忙。」聽完兩人的介紹，我們對誰的印象會更深刻一些？毋庸置疑，肯定會是小袁，因爲職場上很少有人不用 PPT，大家更沒有辦法拒絕一個 PPT 高手。這就是「標籤」的重要性。

建議 3 說出對當下情景有幫助的話

什麼叫做對當下情景有幫助的話？

這就要結合當下的社交目的去思考才行。例如面試時，記得要說一些有利於自己、增加錄取機會的話，無用的話就少說兩句。再比方，公司應徵的職務是會計助理，你在自我介紹時就要強調自己具備哪些會計方面的技能和經驗，而不是說一些類似自己的業務能力有多強，念書時籌備過多少活動等等的話，因爲這些內容對面試結果一點幫助都沒有。

我曾在一堂直播課上問過學員們一個問題：截至目前，在你生命中出現過的人裡，你對哪一種的人印象最深？關鍵點又是什麼？很多學員在底下的留言區輸入了專業、講信用、會說話、穿著有品味等內容。然後突然間，有一個學員輸入了這樣一段話：「認眞回覆我的每一條消息……」看到這句話的時候，我瞬間眼前一亮，因爲我終於找到了標準答案。

我們每天都在收發各式各樣的訊息，每天都在資訊的汪洋中沉沉浮浮。但很少有人會眞正注意到，在這些我們每天重複幾百上千次的動作當中，究竟有多少資訊是我們認眞回覆過的？

主管在工作群組中發了一條訊息，大家接龍似地回應「收到」、「收到+1」；爸爸媽媽給你發了條訊息，問你：「在忙嗎？」你看了一眼桌上堆積如山的工作文件，要嘛簡明扼要地回上兩個字「在忙」，要嘛就是等看完後先不回覆，等到什麼時候想起來了再回覆訊息；甚至是家人爲你做好了晚飯，一家子人就在等你回家開飯，所以太太發短訊問你：「今天幾點下班？」，但因為你還在會議中，於是你只能簡單地發了三個字「在開會」，然後便把手機丟在一旁……。

這樣的情況不勝枚舉。我們總覺得對方發出的訊息自己已讀了，若當下覺得並不重要，那就晚一點再回應即可，漸漸地就養成了一種習慣，慢慢地也就容易引起對方的抱怨。

在人際交往中，如果我們能做到認眞且及時地回覆別人的每一條訊息，那肯定就能收到別人的認可和高品質的人際關係，也一定會給別人留下好印象，讓人感受到你的熱情、專業、講信用及給予對方的尊重。

人脈交誼廳

利用「麥拉賓法則」建立好印象

- 微笑面對大家，給人一種喜歡交朋友的感覺。
- 傳遞友好資訊的 SOLER 模式。
- 適宜的音量、語速、語氣很重要。

---

1. 係指彼此的「第一印象」將影響雙方日後的交往。
2. 南加大（UCLA）的心理學教授麥拉賓（Albert Mehrabian）於 1971 年提出的法則。

破冰技巧
——如何與陌生人寒暄卻不冷場？

利用以下學到的「破冰」技巧，並以製造話題的五個方向，為自己設計幾個溝通範例吧！

相信你在生活中或者職場上一定曾遇過這樣的場景：與同事們同坐一部電梯或一起下班、在停車場遇到久違的朋友、在百貨公司或某商店遇到熟人……這些短暫的相會，彼此簡單寒暄幾句後就匆匆告別。

正因爲過程很匆促，那種開口就得聊上兩句的話題便顯得很難找。有時情急之下更會說出一些沒頭沒腦的傻話，讓場面顯得十分尷尬，瞬間冷場……。所以，與人見面時該如何寒暄卻不會冷場？

本章節將爲大家解決這個問題，且從以下兩點入手：

與陌生人「破冰」的關鍵

我們先來看看第一點：與陌生人破冰的關鍵。須知**破冰從寒暄開始。寒暄又叫打招呼，是人與人之間建立言語交流的方法之一**。例如：「吃過中飯了嗎？」、「家裡一切可好？」、「你現在是要去哪裡？」、「老家是哪邊……？」我們經常會聽到這些打招呼的話，它能使不相識的兩人因此相互認識，使不熟悉的雙方開始熟悉，讓單調的氣氛變得活躍起來，爲雙方進一步攀談架設橋樑。和陌生人初次見面，因爲兩個人彼此都不瞭解，所以談話往往不知道應該怎樣開始？這時，寒暄就便能派上用場了。

而巧妙的寒暄既可拉近彼此距離，更能進一步產生交流。所以我們在與陌生人破冰時，有三個關鍵點需要注意：

關鍵1 恰如其分的稱呼

如果把交際語言比喻成浩浩蕩蕩的大軍，那麼稱呼對方的用語便是這支大軍的前鋒，畢竟通常我們都是先打招呼再開始聊天說話的。一般來說，人們稱呼對方是否恰當，彼此都很敏感。所以想讓寒暄不冷場，請先考慮好如何稱呼對方！在此有三個建議提供給大家：

（1）**記住對方的名字**。試想一下，當你遇到之前曾有過一面之緣的人，對方竟可立刻叫出你的名字，你是不是有一種受到重視和關注的感覺？也會對這個人心生好感呢？

（2）**注意對方的年齡**。見到長輩一定要用尊稱，這是表示尊重。比如爺爺、奶奶、老先生、老師等。同時提醒大家，若以年齡來判斷如何稱呼對方，請記得要力求準確，不能隨便喊。比如看到一位二十多歲的女性就稱對方「大姐」，但人家實際上才剛剛大學畢業而已，此舉只會惹對方不開心。

（3）**注意對方的風俗習慣和文化背景**。每個人來自不同的地方，有著不同的文化修養，故而在稱呼對方時一定要注意這些細節。有些稱呼具有一定的地域性，記得要入鄉隨俗。

關鍵 2 找尋彼此的共通點，引起共鳴

爲什麼人們願意與有共同點的人產生連接呢？

中國有句老話叫做「物以類聚，人以群分」大概就是這個意思。正如動物與同類聚在一起，是出於對自身安全的一種保障，和相似的人聚在一起，最開始可能也是出於自身生存和安全需要。人們在與初始者接觸時，往往更願意跟與自己有著共同點的人接觸。

而人和人之間的共同點更可表現在以下幾個面向。比如家庭、性別、年齡、工作、文化、國籍、穿著打扮等方式，甚至是所屬社團、個人興趣愛好和娛樂方式、知識水平、經濟實力、情緒、美食等。每個人都可與其他人找到某些共同點，所以會有各式各樣的社團或組織產生，而這些就是彼此的共通點。

關鍵3　透過對方關注的事物，引發興趣

美國心理學家戴爾・卡內基（Dale Carnegie）認爲，人們心中最關注的是自己是否被重視，是否被認可。因此以對方爲中心，就是找到對方關注點的基礎。我們可以透過判斷身份屬性來找到對方的關注點，把人們按年齡和性別分類：年齡相仿的男性、年齡相仿的女性；比你年長的男性、比你年長的女性等皆是。

首先，年齡相仿的男性，往往對工作、運動、旅遊、閱讀、遊戲等話題比較感興趣。因此可以透過雙方相識的場合或方式來開展話題，漸漸地再結合上面的話題深入聊天。

其次，年齡相仿的女性間往往會以美容、身材、穿搭、親子教養等話題來破冰。很多現代女性對美食和旅行也比較感興趣，雙方不妨聊聊旅行經歷、鍾情於哪些餐廳或旅遊景點來展開話題。然後，想與年長的男性破冰。則會因爲他們的社會和人生閱歷與你更豐富，故而覺得需要被尊重，所以不妨從他們的人生經歷或者社會經驗切入話題，例如向他們取經便是一例。

最後是比你年長的女性。她們基本上都已成家或有孩子，所以家庭和親人對他們來說肯定是最重要的，所以可從對方在親子教養或如何與家庭成員相處等方面來展開話題。當然，以上只是基於對方的年齡和性別做出簡單分類。屆時還是需要結合對方的身份、社會背景、工作屬性、嗜好等，視實際情況去做更具體的分析。

製造話題的五大方向

明確與陌生人破冰的關鍵之後，我們接著再來看看第二點：破冰—輕鬆製造話題的五個方向。

方向1　根據對方的特徵或長處，尋求建議

每個人都有自己引以爲傲的特長，並且對於這一點，深埋於心，並且希望時時獲得別人的關注或請教。反之，自己擁有的特長也可能是對方關注你的其中一個點。在他自己擅長的領域裡，他可以非常自信地向別人分享經驗和觀點，滿足自己「好

爲人師」的心理。因此，在與陌生人寒暄時，可以透過「向對方請教他的擅長之處」來作爲開場白。比如向公司的前輩請教時可說：「這方面您是專業，我還得麻煩您多多指教……」

方向 2 適時地讚美對方

適時讚美對方，能使交談對象心情舒暢，有利於交談過程的順利推進。交談時要善加利用可以讚美對方的任何機會，定且表現眞誠。例如見面時，誇獎對方穿著得體、長相漂亮，或是稱讚對方不經意透露的自身長處、取得的成績等，但凡值得讚美的地方通通不要放過。

但凡事過猶不及，讚美與阿諛奉承基本上是兩回事，請記得要區隔開來。所以爲了表達我們讚美對方的誠意，可從以下幾個重點來展開話題：

（1）肯定對方的氣質、相貌。以這個話題來作爲開場白通常很少會被拒絕。比如對方的皮膚、身高、髮型或其他外部特徵，敏銳地發現對方外貌上的特點，這都是我們可以利用的話題之一。

（2）讚美對方身邊的事物，讓寒暄變得「順理成章」。有時直接讚美會讓對方感覺自己是在故意恭維他。所以我們可從讚美對方身邊的事物下手，比如穿著打扮、配戴的首飾或手錶等。這些都是我們開啓話題的共同語言之一。

（3）聊聊對方的家鄉。對於絕大部分人來說，家鄉是感情的依託和充滿回憶的地方，很容易讓人心生自豪和喜悅。因此，讚美對方的家鄉是個不錯的切入點，但千萬別太過誇張！之前曾和一個朋友聊天，他是相當專業的活動主持人，他便曾告訴我自己慣用的兩種誇人方法，其效果甚至可以誇到別人心坎裡，一點都不尷尬……。

第一個是「羨慕式誇人法」。例如想誇獎某個人的服裝品味高，你可千萬別直接說：「你今天穿的大衣眞好看！」應該說：「哎呀，我要是有你這樣的審美就好了。」既表達了對方穿搭得體，更表達了自己羨慕對方的心理。

第二個是「誇人要誇骨，別誇皮」。記得要誇獎某人很準時，千萬別直接說，我們反而要說：「你是不是一直都很自律呀？我要是做到你的一半，就不至於總是遲到挨罵了。」總之，要善於發現別人身上的優點，然後再往下追問一句別人是怎麼做到的。

方向 3　找尋值得深入交談的主題

優質的社交可以提升社交的層次，一個優質話題本身就具備提升談話品質的功效。那麼，什麼樣的話題才是最有價值的？簡單來說就是能夠滿足人們某種需求，或是能夠產生積極影響性的話題。

我在這裡提到的「價值」不只是針對談話者本人，也絕非單單針對對方，而是針對整個群體或社會，類似某些公益性的話題便是能夠引發他人興趣的話題。比如環境保護、兒童照護、社會公益、家庭教育等皆是。

方向4 熱門話題

熱門話題代表了短時間內的一種資訊趨勢，代表一個資訊爆炸點。熱門話題的本身通常便帶有一定的吸引力道和關注程度。談論熱門話題可讓雙方更容易找到共同的話題，找到交談的切入點。同時，熱門話題還帶有公眾性和客觀性，這更可讓雙方在不是很熟稔的情況下不至於冷場，也可以透過談論這個熱門話題來瞭解對方針對這個事件的態度，進而判斷兩人抱持的觀點是否一致。

但要注意的是，並不是所有熱門話題都適合直接當話題來討論，一定要注意當下的氛圍，切勿談論與當下氛圍相反的話題，以免破壞氣氛。

方向5 說故事

你是否發現，會說故事的人往往更容易贏得他人認同。

每個人生活的核心就是敘述，你若想傳達一個想法，建議你不妨採用簡單說故事的方法來讓聽眾從故事人物的經歷中看到你自己，進而建立起一份同理心。因爲故事可以成功連結人們的經歷，進而感同身受，讓對方產生想要幫助你的念頭。

在社交活動中說故事，可以幫助你把資訊順利轉換成對方更容易接受的形式。比如很多人在社交活動中做自我介紹，藉此展示自己的能力，例如和某人相識的過程、自己曾做的事、經歷的生活、看見和感悟的人生等，透過說故事的方式，可讓整個社交場合的氛圍變得更放鬆、有趣。

人脈交誼廳

製造破冰話題有一套

- 根據對方的特徵或長處，尋求建議。
- 適時地讚美對方
- 找尋值得深入交談的主題
- 熱門話題
- 說故事

拉近距離

——「相見恨晚」其實很容易

選擇以下學到的方法，試著與新結識且相談甚歡的朋友們拉近距離吧！

我在前面章節中跟大家分析了與陌生人或不熟的朋友如何破冰寒暄的關鍵，也學到了製造話題的五個面向。畢竟認識新朋友，並在初次見面時相談甚歡，但雙方這時往往只停留在「認識」的層面上……，而這可不行，畢竟我們參與社交的目的是與他人深度交往。所以在與陌生人建立關聯之後，如何拉近彼此的關係成為朋友？這就是關鍵之所在。

拉近雙方距離的方法

本章節內容就是要為大家解決這個問題，以下則是六個拉近雙方關係的好方法：

方法1 利用一點「小事」去麻煩對方

我們先來看看第一個方法：試著找一點小事情去麻煩對方。

我們從小就被教育「求人不如求己」，於是乎「不麻煩人」便成為了現代人做人處事的顯學，彷彿獨自承擔一切才是身為一個大人應有的教養。戴爾・卡內基（Dale Carnegie）[1]在《人性的弱點》（How to win friends and influence people）一書中曾說：「想讓交情變得長久，那麼你得讓別人適時地為你做一點小事，這會讓別人產生存在感和被需要感。」適時地麻煩朋友，不但可為自己解決問題，也讓朋友感受到在自己在這段友誼中，具有的一份存在的價值感。

而你這時可能想問我：「是不是什麼事都要麻煩別人呢？」

當然不是，這樣不只無法拉近關係，很有可能還會招來反感，你也會成為一位不受歡迎的麻煩人物。請別人幫忙只是出於偶爾，必須是對方有能力幫忙，並且不會耗費太多精力的事情。比如你出門旅遊時，讓鄰居幫忙注意一下家裡的掛號信，或是在朋友出去旅行時，請他幫你代購某件商品……。

在「麻煩別人」這件事情上，你還要考慮彼此之間的關係遠近。對方與你不過就是交情尚淺的朋友，這時你若請對方基於專業提供建議或要「給對方出難題」，舉手之勞還可以試試，但若次數太過頻繁或很難辦到，這無異就是給對方出難題，結果就會適得其反。

例如請朋友幫你引薦工作或介紹新朋友，這種事情只能請託人家幫你多留意，如果對方並未幫上忙，請記得不要埋怨。

方法2　與朋友分享內心最柔軟的那一塊……

拉近關係的第二個方法是：敞開自己內心柔軟的部分，並和朋友分享。

我們在前面曾講到，增進雙方關係的關鍵在於「深度地自我暴露」，例如聊一些比較私人的問題，拉近彼此之間的關係。又比如與家人的相處、子女教育、職涯發展方向或是與同事間的相處等，這都是可以溝通的話題，幫助我們在打開內心世界與對方分享的過程中，成功建立起更深刻的情感連結。

但需要注意的是，若我們分享的事情充滿負能量，或只能流於八卦謠言，長此以往只會讓大家逐漸與我們疏遠。畢竟人們的不滿情緒和負能量會像傳染病一樣擴散，沒有人願意跟始終在傳遞負能量的人為友。

方法3 關心、體貼

拉近關係的第三個方法是：關心和體貼。

眞誠的關心和體貼的問候，可讓對方感受到我們對他的關注，讓對方心裡更開心。比如我們可在對方生日或特殊節日時送上眞誠的祝福；在對方遇到難題時給予及時的問候……這些都是有助於拉近彼此關係的好方法。

但格外需要注意的一點是，在對方遇到難題或狀態不好時給予問候，請務必要多多注意一些眉角。當問候完畢，對方若表現出來的狀態是不想談或有所迴避時，請記得不要再追問下去，因爲對方或許尚未做好與別人分享心事的心理準備，或是根本就不打算說給大家聽。你這時若持續追問下去只會適得其反，甚至招致反感，讓關係變糟。

方法 4　眞誠地幫助對方

拉近關係的第四個方法是：眞誠地爲對方提供幫助。

在眞誠的關心和體貼的問候之後，若發現對方需要你補充　明，而自己又剛好可以提供協助時，這時你便可眞誠地爲對方提供一些幫助。比如對方正在找工作，而你剛好可以爲他推薦一份工作；朋友想要結識某些行業的朋友，而你剛好認識這樣的人可以介紹給他……。

爲對方創造價值，不僅是讓陌生的雙方變成熟人的解答，也是幫助我們把泛泛之交發展成閨密的重要環節。只要我們不帶著功利心態去幫助朋友，自然可以拉近雙方的關係。當我們開始關注自己的人脈時，不妨思考一下：當別人困厄時，我是否曾經及時給予援助？當對方不開心時，我是否曾主動安慰？

試著向朋友主動奉獻自己的力量和真心，相信對方肯定也會回饋我們意想不到的心意。

方法5　深刻地瞭解對方，啓發彼此

拉近關係的第五個方法是：更深刻地瞭解對方，啓發彼此。

如果我們想要跟某個人拉近關係，這就意味著我們對這個人是感興趣、帶著好奇心的，有意願更深入地瞭解對方。所以在選擇聊天話題上，比起之前寒暄破冰時的話題，建議你不妨可往更深層的領域去挖掘。比如聊聊能夠激起雙方熱情、自己一直堅持不懈在做的事情，或是自己最珍視的東西又是什麼等等，藉此更深入地瞭解彼此，也讓對方感受到我們對他的關注，建立更深刻的交往。

此外在交談過程中，不妨向對方提出一些帶有啓發性的問題，引導對方將話題持續下去，並以此鼓勵對方，讓他感受到我們正在關注他的感受、在乎他的想法。須知**彼此關注並且相互鼓勵，才是拉近關係的關鍵**。

深刻地瞭解對方，在於與對方產生情感共鳴，我們可利用趨同法來與對方找到共同語言，例如創造一種「同是天涯淪落人」的感覺，聊聊彼此相近的理想、共同的愛好或類似的人生經歷等。任何一種感情都需要在不斷磨合和適應，逐漸達到完美的水乳交融狀態。默契從來就不是天生的，再投緣的兩人也不可能一下子就變成莫逆之交。

方法6 利用「交集」來拉近彼此距離

拉近關係的第六個方法是：利用交集來縮短彼此間的距離。

所謂交集，也就是共同的志趣和生活方式。志趣相投的人往往更容易引起情感上的共鳴，雙方也容易找到共通的語言和話題。具有廣泛交集的兩個人，可以減少和消除彼此間的排斥，雙方會感到十分投緣，進而產生一見如故的感覺。比如興趣愛好、工作上的交集等皆是。

所以，在與人交往的過程中，我們要試圖瞭解對方的生活習慣、愛好，這樣我們才可能尋找更多的交集。如果我們想要結識的人是一個熱愛足球運動的人，那麼你就不該在他觀賞世界盃足球賽時去佔用他的時間。

想要瞭解一個人，除了與他正面交往，還可**透過他所交往的朋友圈子來判斷他會是什麼樣的一個人**。如果我們的朋友們個個都陽光、正派，別人自然也不敢小看我們。相反的，若我們交往的圈子裡大多是一些遊手好閑、好吃懶做的人，那麼別人對我們的印象自然不會太好。所以，我們要有選擇性地與優秀的人形成良性交集，這才能激發我們願意去擁有廣博的知識和見聞，努力發掘對方關心的事物，也就是所謂的「投其所好」。

想擴大自己的圈子，無非是進入別人的圈子，或將一些人拉進你的圈子裡。但不管是哪種情況，交集都是必需的。我們都知道油是不溶於水的，可是人與人的關係不同於油和水，再陌生的兩個人也會有些許的相似之處，而這細微的共同點，就能成為我們相容的通道，把我們吸納到一個又一個圈子裡。

人脈交誼廳

拉近彼此距離的好方法

- 找一點小事去麻煩對方
- 與朋友分享內心最柔軟的那一塊……
- 關心、體貼
- 真誠地幫助對方
- 真誠地幫助對方
- 深刻地瞭解對方，啓發彼此
- 利用「交集」來拉近彼此的距離

1.（1888.11.24～1955.11.01）美國知名作家和演講者，1912年創立卡內基訓練（Dale Carnegie Training），教導傳授人際溝通及如何處理壓力（資料來源：維基百科）。

掌控談話

——有效控制「交談主動權」的三大階段

你正與一位獨立思考且擅於溝通的人聊天，話題是「最近的工作」，你該如何運用與他相同的風格進行溝通？

在生活中或職場上，你是否曾遇過這幾種難題：

在家裡，想要另一半把用過的東西放回原位，但卻總是被他扔的隨處都是？

在公司，你提出的建議極具建設性，有機會大幅提升公司在該產業中的地位，但居然無人在意？

在團隊中，你必須帶領一個團隊來提升業績，但下屬沒有一個人肯支援你，甚至有人直接否認你的執行力和方法有問題……

不論是上述哪種情況，追究其原因都在於，你在交談時並未掌握主動權，這不僅會讓自己在社交關係中變得被動，也很難讓人對我們產生信任。所以在交談時掌握主動權，對於增進人際關係非常重要。我們每個人都希望爲家庭多做貢獻，希望孩子和另一半多聽聽自己的建議；希望公司團隊聽取自己的建議和方法，按照自己制定的方針去執行任務；希望自己在社交場合中能夠更像一名成功人士，甚至做到一呼百應。

想要在某一段關係或一場對話中佔據主要地位，究竟應該怎麼做？

本章節內容就來解決這個問題，我們將交談的階段分爲：交談開始、交談進行中、交談結束。接著我將依序爲大家講述如何把主動權抓回自己身上。至於方法，可從以下三方面入手：

「開始」對話的一個方法

我們先來看看第一個重點：開始一場談話的一個方法。

不管與我們的談話的是滿屋子的聽眾還是部門主管或是一群朋友，請記得首先要做的第一點就是，抓住對方的注意力。通常我們說出口的第一句話，與這場談話之間是「生死攸關」的，這句話一說出口，要嘛能夠吸引大家注意力，要嘛就是讓人感到興趣索然。所以我們拋出的「餌」要夠引人關注，故而開口之前就要想好。就像一篇文章的開場白，潛臺詞通常就是：「快看啊，以下的內容你不看一定會後悔的呀！」但有效的開場白不是靠大聲吆喝或嚇唬人便可以達標，而是要在演說者和旁聽者之間搭起交流的橋樑。

有一次，某位年輕的大學教授前往一所因日常管理混亂而出名的學校辦講座。他在上台授課前提早十分鐘從後門潛進教室，此時，教室裡早已坐滿了學生，有在吃東西的、化妝的、玩手機的，大夥兒嘰嘰喳喳，好不熱鬧……。面對這樣的情況，這位年輕教授並未感到驚慌，他只是輕車熟路地找到一個空位坐下，試著與旁邊的學生聊天，等待開始上課鐘聲響起……。就這樣，一分鐘、二分鐘，直到上課時間已過了五分鐘，教室裡的學生們已經開始坐立不安，甚至焦躁地開始大聲喧嘩時，這位年輕的教授這時方才從教室後排慢慢起身，伴隨著走道兩旁的吵鬧聲，緩緩步上講台……。

當教授站上講台的時候，已有一部分學生關注到，但學生們依舊在激烈地聊天。他並未像其他過來分享的老師一樣，打開麥克風後便立即開口說話，或是提醒大家說話音量放小一點，請認眞聽他分享。

隨著越來越多聊天的同學發現講台上站著一位老師，甚至還面帶微笑地看著大家時，教室裡的音量開始逐漸變小，大家心裡都在嘀咕著：「這個人怎麼和之前過來分享的老師不一樣？爲什麼還不開始上課？」

這個時候，教授看到已有大多數的學生開始注意他的存在，但他依舊沒有開口講話，而是轉身在碩大的黑板上寫下一排很小很小的字。教室裡頓時安靜下來，學生們的注意力一下子就被吸引過來，大家伸長脖子、急忙戴上眼鏡，就是想要看清楚老師寫些什麼，但卻一個字也看不清楚……。

在黑板上寫完字後，教授轉過身來望著鴉雀無聲且滿臉好奇的學生們，這時他終於開口說話了。他並未急著告訴大家黑板上寫著什麼字，也沒有立刻開始自己上課。年輕教授開口說：「我今天踏進校園時被嚇了一大跳！而且還是第一次受到驚嚇，原因是外界傳說這所大學管理混亂，所以我原本以爲自己走進學校大門後會被扔雞蛋，但結果並沒有！」講到這裡，學生們都開始哈哈大笑起來。

「第二次受驚嚇是，我剛進校門時不知道教室在哪裡，所以向迎面走過來的一名拄著拐杖的同學問路，但當他站穩腳，抬起拐杖指著我的時候，我嚇得以爲他要打我，嫌我擋著他的路了……。結果沒想到他是要告訴我，我其實應該朝身後的方向走才對。而我原以爲他會告訴我該左轉或右轉，但沒想到他擔心我會迷路，所以乾脆直接送我到教室門口才離開！看來咱們學校的同學，並未如外界傳言的那樣瘋狂嘛，感覺還是挺有禮貌的呀！」聽到這邊，同學們紛紛鼓起了掌。

其實，不論這位年輕教授的講座主題是什麼，相信他已經成功吸引了學生們的注意力，大家會願意被他引導進入他的知識世界裡的。

至於怎麼與比較熟悉的人開始一場談話，我在這裡提供大家一個方法：**順藤摸**

瓜，並且把瓜帶回家。

也就是找到對方感興趣的話題，並順著這個內容描述，然後再把對方帶回自己的領域裡。交流不等於交談，如果想要讓人願意和我們展開深入交談，一定要學會交流，像踢皮球一樣，先把球踢出去，再順著別人感興趣的話題繞回來說。這樣既可讓別人願意開口跟我們交流，也能讓話題適時地拉回自己想聊的主題上，也就是讓對方把皮球踢回來……，否則就只會變成單純的閒扯，無法實現我們談話的目的。

根據某項研究調查顯示，現代人在和別人聊天時，若用「關於你朋友的問題」提問，那大約有52.9%的人會願意繼續配合調查；反之若用「關於你同事的問題」提問，則只有18.8%的人會願意繼續配合調查。而造成這個差異的主因是，人們在說起關於自己朋友的事情時，心情相對放鬆，對提問者的印象會更好。反觀若說起同事，則往往會覺得不那麼重要或關係不夠深入，進而不想繼續聊下去。

根據這個心理學實驗，日本溝通專家內藤誼人梳理出了一個比較實用的溝通方法是：想和對方變成朋友，應該先從對方感興趣的話題入手。話題可以是對方喜歡的明星和電影。等到喚起對方的好感，再讓對方慢慢融入談話情境中，引導雙方開始進行自己想聊的話題。

這種溝通方法的關鍵在於，充分瞭解並設計出對方感興趣的話題和情境，並將對方慢慢引導到對自己有利的談話方向上。有關這部分，至少包括以下三個步驟：一是明確談話目的。二是上推下切。三是提煉要點。

「明確談話目的」就是釐清自己想透過談話實現什麼目的或傳達什麼資訊？「上推下切」就是思考如何讓對方願意聽我們說話，透過話題推演出共識，找出彼此的交集和差異；最後則是「提煉要點」，就是確定交談的目的之後，想辦法把這些關鍵要點依序融入雙方對話的語句中，讓對方跟著我們的談話節奏走。基本上只要把這三個問題考慮清楚，這次的交談應該就不會出什麼大紕漏了。

所謂執行的關鍵就是「上推下切」。而「上推下切」的具體方法，是問自己幾個問題。比如我們爲什麼要進行這次談話？共識是什麼？共同利益是什麼？目前在哪些地方不一樣，如何提升？按照這些問題來設計對話，融合對方感興趣或認同的資訊。畢竟很多時候，談判高手在跟他人對話時都是這麼做的。

「進行」對話的二大關鍵

緊接著，我們來看看第二個重點：進行一場談話的二個關鍵。

我們若成功地讓聽者對我們的話題產生興趣，那麼接下來應該如何讓談話進行下去？在此有兩個重點可讓我們把一段談話發展成爲關鍵對話，成功達到談話的目的。

關鍵1　使用與對方類似的風格

營造融洽的交談氛圍，關鍵即在於準確判斷對方的溝通風格，並用與對方相同的風格來溝通，這樣就能減少誤會並促進溝通。在此我把人們的溝通風格大致總結爲以下三種，分別是：思考型、感知型、意識型。

思考型的人傾向採用邏輯性思維來處理訊息。他們的思考方式往往是圍繞著大數據資料和客觀的實證而來，並在這當中找出關聯性，這種人的思維是開放的，想像力通常很豐富。

在被問及「最近工作怎麼樣」時，他們基本上會認眞思考一下，然後這樣回答：「我也許需要告訴你五件和工作相關的事……」在和思考型風格的人交流時，我們必須注意的是，一定要多提供一些資料、細節、邏輯感強的事物，這會讓他們感覺到自己被信任和關注。

感知型的人往往更在意他人感受，特別容易產生同理心甚至感同身受。他們喜歡說故事多過描述事實，透過不斷的舉例和對比，爲你描述自己對某一件事情的喜愛。在他們眼中，豐富的色彩、可感知的畫面等都是能讓他們在面對一場對話時，心生期待。反觀被問及「最近工作怎麼樣」時，一般情況下，他們的回答方式會取決於當下的情緒狀態。比如「哈哈，我最近行情特別好，已經準備捋起袖子好好幹一場了！你給我一張白紙，讓我畫個藍圖來好好跟你說說未來的規劃。」此時的他們多半會像一個情緒激昂的演說家，爲你描繪自己的職涯藍圖。但情況若相反，他們也可能會說：「唉唷，最近市場環境不好，根本就是做白工！活脫脫就是竹籃打水一場空啊……」與感知型的人深入對話，一定要注意關注對方的心理狀態和眞實目的，多去認同、總結並及時表達自己的感同身受。

意識型的人與人溝通比較直接，既不像思考型人那樣認眞分析，又不像感受型人那樣激情澎湃。他們會更關注自己的眞實狀態，不太在意別人的看法，而是更關注自己內心的選擇。故而在被問及「最近工作怎麼樣」時，他們通常會這樣回答你：「不錯，還挺忙的……」所以在與這種人進行接觸時，請多設計問題並直擊核心目的，切勿多做無用的陳述。

關鍵 2 活用提問技巧，引導對方說話

進行一場談話的第二個關鍵是：巧妙利用提問技巧來引導對方說話。

進行一場對話是雙方共同的目的與執行的項目，如果我們一直在表達，只會讓對方產生倦怠感。所以我們不妨透過發問來引導對方說話。

（1）封閉式提問。也就是在提問時，這個問題只有「是」、「不是」或「對」、「不對」兩組答案。這種對話方式各有利弊，在與時間寶貴的人聊天時可以少繞圈子，直接鎖定最想提出的問題，效率會更高。然而弊端是，如果不是特定場合，連續的封閉式提問不免會在無形中給人帶來一種壓迫感，讓人感到壓迫甚至「無法呼吸」。

（2）開放式提問。這種方式較適用於一些採訪場合上，例如需要某人分享自己對於某件事情的看法便可採用這種不設框架的交流方式。這無形中會碰撞出來許多有趣的觀點。總之，封閉式問題是一步步接近答案；而開放式問題則是一步步尋找答案，若能將兩者結合起來，溝通效果將可事半功倍。

「結束」對話的三大方法

最後我們來看看第三個重點：結束一場談話的三個方法。

許多人只知道打開話匣子卻無法結束話題，殊不知如何結束談話才算是一場完美的交談，大家撐到最後往往只能這樣說：「好的，那我們今天就先聊到這裡好嗎？」其實，若能選用好的方法結束一場談話，可給對方留下一個好印象。在此，我爲大家總結兩個好方法。

方法1 總結回顧

我們若在交談中談到了很多話題，訊息量比較大，那麼在結尾時，必然要對自己方才所說的論點進行總結，進而讓自己或聽眾明白自己究竟說了什麼？例如：「我剛才說的內容中，最重要的是這三點……」、「你講了這麼多，我聽完後並總結了這三個論點，分別是……」

方法2 愉快道別

在工作或生活場景中，無需勉強地延長話題。當發現談話內容即將結束，自當馬上道別，否則只會給對方留下你言語索然無味的壞印象。或是你可能不想再繼續跟對方聊下去，也有可能後面真有事情要忙，時間比較趕……，那麼你可以說：「我等一下還有工作要忙，而且今天是最後一天……」巧妙地提醒對方自己接下來還有事情要做；或是說：「見到你很開心，我們下次再約……」禮貌地道別。這樣既可巧妙地結束話題，又不失禮節。

當然，不論是以第一種還是第二種方法來結束交談，都**切忌在雙方熱烈討論某一問題時突然結束對話，這是一種相當失禮的表現**。如果一時出現僵持的局面，則務必要設法改變話題，直到氣氛轉趨緩和時就趕緊收場。

人脈交誼廳

掌控交談主動權的三大面向

- 「開始」一場談話的一個方法
- 「進行」一場談話的二大關鍵
- 「結束」一場談話的二個方法

Part 3

深耕關係

深度連接彼此，讓關係更近一步

◎精準訴求：讓「SPIN 模型」解套他人真心話
◎打動人心：透過「共情」溝通，看懂他人的內心戲
◎達成共識：如何說動他人願意與你合作？
◎社交邊界：「保持距離，以策安全」的藝術
◎化解衝突：消弭人際關係衝突，有秘方？

精準訴求

——讓「SPIN模型」解套他人真心話

回想閨密之前跟你抱怨心事時的情景……，試著分析這個抱怨背後的真正需求！

一開始請你先試著回答以下幾個問題：

1. 當你和某位感興趣的普通朋友聊天，雖想拉近彼此關係，但卻不知如何下手時，應該怎麼快速發現對方需求並且提供幫助？

2. 某位朋友說了一段話，期待你能理解他的心情，並以他期望的方式做出回應。而你這時是否眞心向他表達出正向的理解，還是簡單地做出總結並回了了「還不錯」呢？

3.客戶在向你描述需求或想法時，你能否迅速下判斷且明白他的需求，並且提供讓他滿意的方案？

基本上，當雙方處在深耕關係的階段時，能夠了解對方真實需求，並且給予深度連接，讓關係更近一步，這就是成功的關鍵，而本章節內容就是要來爲大家解決這個問題，建議可從以下三方面著手：

透過「SPIN 模型」，探測對方需求

如果你是一個業務員，必須經常與客戶們打交道，那我建議你，無論如何一定要好好讀讀以下的內容。

有時候我們總會自以爲是地認爲，只要與某個人相處久了，自然就可以做到眞正的了解！

其實不然。

因爲兩人之間即使相處再久，那些看似的「了解」也不過是雙方舒適區的重疊

罷了！而更讓人揪心的是，我們自以爲的「了解」他人需求，其實只是我們將某種自我意識投射在他人身上後所得出的判斷而已！

我在此向大家慎重推薦「SPIN 模型」，這套公式將可幫助你了解對方眞正的需求。「SPIN 模型」是全球著名的銷售大師尼爾‧雷克漢姆（Neil Rackham）創立的一套銷售法則，透過四種不同類型的提問，成功挖掘客戶的眞實需求。其實，只要把社交物件當成自己的客戶，透過提問的方式引導對方說出眞實需求，彼此便可更順利地進行溝通，並且做出相對應的回饋。

接下來我們便一起來看看「SPIN 模型」的四種不同類型的提問，分別是什麼？首先，「SPIN 模型」是由四個英文單字的第一個字母所合成的一個特殊名詞：

S 即是 Situation（情景性），是解決問題的第一步。用以釐清目前的狀況和基本背景。通常在不清楚基本資訊的情景下處理事情，往往很難掌控結果與發揮影響力。

P 是 Problem（探究性），意指診斷問題。引導或幫助對方說出隱性需求，從中發現問題的癥結。而我們再此所指的難題，是分析了解對方目前遇到的困難和需求。例如最近工作是否忙碌？工作安排是否不合理，還是自身狀態並不好等等。針對難題來提出疑問，必須建立在現狀問題的基礎上。只有做好這一點，才能保證我們與對方談論的是現實當中正在發生且存在的問題。

I是Implication（暗示性），意指引導啓發。發掘潛在的隱性需求，引導對方將它呈現出來，然後再提醒對方若不及時處理，未來恐將產生的影響和後果。如果你是一個業務員，更是務必要將這層窗戶紙捅破，也就是我們在業務專業上經常說的「逼單」，適時地給予臨門一腳，讓對方趕緊下決策。

N是Need-Payoff（解決性），代表的是價値問題。通常在需求獲得認同後，我們會試著鼓勵對方提出滿足需求的行動計畫。其目的是把對方的注意力從關注問題本身轉移到尋找解決方案上，讓他覺察到只要啓動解決方案，將會爲他帶來何種好處。通常「這些問題解決以後會給你帶來一些好處，比如……」，類似這樣的一句話便可讓對方聯想到很多好處，情緒也會隨之發生變化，從對現有問題的消極和悲觀，轉化成對新變化即將到來的渴望和憧憬。總之，「SPIN 模型」的精髓在於從對有效問題不斷進行交流過程中，推演出對方需要且有把握的方案。

很多時候，事情發生得比較緊急或事情容易讓人產生負面情緒，而我們在聽到對方需求時，往往容易犯下主觀臆斷的錯誤。

引導對方陳述事實，避免主觀臆測

接下來，我們來看看三個「還原」分別是什麼。

還原 1 分析問題→還原事實

很多時候，我們都會過度關注事情造成的結果，反而忽略了確認「到底發生了什麼事情？」

當我們從他人口中獲得了一些關於事情發生原因，進一步想去討論或猜測時，難免會陷入主觀判斷和先入為主的盲點中。這是因為我們想要儘快降低事情產生的影響，所以常會產生衍生出某種希望儘快解決問題的思維，反而忽略了解決問題的前提是「找出原因、還原事情眞相」。

記得我開始在職場上帶著團隊拚業績時，某位同事經常跟我抱怨其他部門不配合他的工作推展。而我當時的第一反應就是跑去質問對方爲什麼不配合？而當同事在我發完一頓脾氣後，只是靜靜地只說了一句話：「你了解事情眞相？」……直到那一瞬間我恍然大悟，或許眞相其實是我的部下哪裡做錯了，搞得我只能摸摸鼻子、灰頭土臉地走回辦公室。後來，我細細地問過相關人等之後方才明白，是自己的部屬有交代清楚任務分工及工作期限。

由此可知，**大家遇到問題的第一個反應就是解決它，但這其實還不夠，因爲在尚未釐清眞正的事實之前，我們往往找不到問題的卡點究竟在哪裡？**

而另外一種情況，我相信很多人都曾經碰過，那就是在遇到理念或利益衝突時，我們很容易會被情緒占了上風，搞得整個腦袋被憤怒的情緒塞滿滿的，而這當下的很多對話就會變成都是從主觀角度出發，也就是氣話或與情緒有關的用語等。諸如我覺得、你就應該、你爲什麼總針對我等等。每當這個時候，我總會在心裡告訴自己，現在的情況已不是在針對事實進行討論，我應該先解決情緒，再來想想如何解決事情。

所以，我經常在新進員工培訓時，告訴他們不要害怕矛盾或衝突，因爲道理不辯不明；也不要總是想著逃避或妥協，因爲那樣只會掩蓋事實，並在未來的某一個時刻產生傷害，甚至會以高出目前數倍的威力爆發，屆時所帶來的影響將會更大。

衝突在複雜的人際關係和事情本身的縱橫交織下，基本上就是避免不了的一件事，建議大家應該養成「先解決情緒，再解決事情」的習慣。畢竟從未有過某位談判大師，能夠在兩種敵對情緒中游刃有餘，所以我們一定要分清楚主要矛盾和次要矛盾，逐一攻克才是上策。

還原 2　探詢行動→還原細節

大多數人通過別人描述或者自己的主觀判斷，認爲已經了解執行過程中的措施和方法，清楚知道流程是什麼，反而忽略了執行過程中的「細節」。一旦有問題，我們通常無法判斷是流程本身的問題？還是執行力度不夠？如果沒有把這個環節想清楚，所有涉及這個工作流程上的人都還會繼續犯錯，並且持續不斷地重複下去。我們只有通過反覆提醒、還原細節，找到那個「堵住的點」，方才能夠避免重複做白工。

有人說，歷史總是驚人的相似，但我們並不長一丁點兒記性。一個人若想快速地成長，在短時間內掌握某個行業的知識或者某種工具的正確使用方法，一定不是靠純粹的「重複」。否則帶來的一定是效率低下、資源浪費。

想要還原細節，就需要使用「復盤」[1]這個工具。在事情做完之後，給自己和團隊留一些時間，思考在執行的過程中使用了哪些正確的策略、工具、方式方法，又有哪些工具、要素、人員在執行的過程當中，出現了影響進度和結果的情況。只有把這些問題逐一拿出來進行分析和優化，才能逐步找到影響結果的細節要素，以便在下一次執行類似的事項中，降低犯錯的概率，提高成功的概率。

還原 3 先入爲主→還原意圖

很多時候，我們自以爲自己的溝通效果非常不錯，表面上看，對方也對我們談話協商的事情表示認可。但實際上，事情並不會按照我們設想的那樣順利發展。這是因爲大多數人都會犯一個錯誤，就是先入爲主。我們預先在心底對他人的觀點、立場、目的做了假設，然後按照自己的假設去溝通。而對方則由於諸多原因，如你太強勢、你是上級、不方便解釋等，敷衍談話或者言不由衷。結果自然是事與願違的。

所以，三個「還原」引導對方還原事實，解決雙方對一件事情資訊不對稱的問題，從而更好地解決問題或者推進溝通。

釐清「抱怨」背後的真實訴求

「SPIN 模型」可以讓我們透過四種類型的提問，引導對方說出自己的眞實想法和需求，而三個「還原」更可幫助我們還原事實眞相，進而更妥善地解決問題。

那麼當對方跟向你抱怨時，你知道他究竟想要表達什麼？他心裡眞正的需求又是什麼？

就字面上的意義來說，「抱怨」意指心懷不滿，指責他人。可在現實生活中，大家所說的「抱怨」含括的範圍很廣，可能是一種消極的傾訴，主要是宣洩負面情緒，也可能是針對存在的某個問題表達不滿、提出看法和意見。

那麼，人們爲什麼要抱怨呢？

當然是因爲人生當中遇到問題，心理產生負面情緒。而這種問題和情緒，可能是自己犯錯造成的，但更多情況下，往往是外界諸多複雜的原因引起的。比如你向主管提出最近加班太密集、想調薪、多休假等，或是規劃很久的演唱會，好不容易買到票，卻因爲某種原因消了……。說穿了，**抱怨最大的意義或目的其實就是在「向外界表達情緒」**。這也就意味著：所有情緒都是我們內心眞實狀態的一種表達，都是在向我們提供有用的資訊。所以我們要思考一下，當某個人向我們提出抱怨時，他想表達又是什麼樣的訊息？

抱怨產生的原因－無法滿足需求

我們經常在生活中看到這種景象：老婆向你抱怨物價太貴，而你跟她說：「別在這裡抱怨啦，有這個時間還不如多提升個人能力，請公司調漲你的薪水比較實際！」而這時對方多半就會冷冷地回你一句：「我哪有在抱怨，我只是陳述事實，我確實連保養品都快買不起了……！」

的確，抱怨有時會披著「陳述事實」的外衣出現。但這其實很好區分，如果人們帶著怨恨的口吻描述，這多半就是抱怨，反觀若是平靜地講述一件發生在自己身上的事，那這就是在陳述；埋怨現狀卻不尋求突破、改變，這就是抱怨，而積極思考努力、求變，這才是突破。抱怨是指責，是試圖分配錯誤，把原因歸咎於客觀存在。就像一個人邊玩手機邊走路，然後在上手扶梯時跌倒了……，這明明是自己不注意安全，但我們往往會發現當事人會去投訴手扶梯未盡責。

故而比起抱怨和指責，更重要的其實是說出眞正的需求和期待。

既然我們明白**抱怨的背後是需求和期待未被滿足**，所以眞正的溝通高手向來不會把別人隨意表達的抱怨理解爲是一種攻擊，然後立刻進行激烈反駁。因爲他們明白表面上是在抱怨「我討厭你……」，其實是想說「我想要……」、「我的眞實需求是……」，所以他們會認眞傾聽並根據對方的語氣去拆解、尋找出尙未被滿足的需求和期待。

同事向你抱怨公司會議時間過長，導致沒有時間做完手邊的工作，這其實是對方希望減少開會的頻率或控制會議時間；另一半向你埋怨最近太晚回家，其心裡其實是希望你可以多陪陪她。

辨識「僞」抱怨？

多數情況下，一個人若對周圍環境表現不滿，這極有可能只是一種假象。簡單來說，抱怨有時不是目的，而是對方實現目的的方法和手段。當一個人向你提出抱怨，其內心往往潛藏著非常豐富的潛台詞，有著更多不爲人知的動機。尤其是在職場上有著利益關係的人，每一次不經意的抱怨，都可能是下一次蓄謀已久的語言攻擊，甚至連玩笑話也是如此。

「僞抱怨」主要有五個動機，分別是：獲取關注、推卸責任、自我誇讚、掌握主導權和尋找藉口。獲取他人的關注往往是抱怨的主要動機，比如我們身邊的某一些同事，總能在公司的茶水間聽到他們帶著不同目的的「抱怨」對話，例如最近工作太累了，連續加班好幾天了；最近聚餐過多，連續胖了好幾公斤；女朋友好黏人，應該怎麼辦……等等，這些對話通常是吸引大家關注他的基本方式。你若了解何謂僞抱怨，這時便能輕鬆讀出他實際想表達的意思。比如當女兒抱怨你每天太晚回家，這說明了你已經很久沒有注意她，陪她玩耍；同事抱怨某項任務太困難，極可能是想推卸責任；親戚朋友來家裡聊天抱怨自家房子某次打掃都得花上好幾天，這可能是在炫耀房子很大……。

畢竟沒有人討厭被喜愛、被關注，這是人類的基本需求，也是社交網路中增進關係的關鍵。當對方的需求被滿足，這時通常也就不會有那麼多的抱怨了。

何謂「SPIN模型」

● S，Situation（情景性）：解決問題，釐清現況和基本背景。

● P，Problem（探究性）：診斷問題，引導或幫助對方說出真正需求，從中發現問題癥結。

● I，Implication（暗示性）：引導啟發，發掘潛在需求，引導對方呈現並提醒若不及時處理的後果。

● N，Need-Payoff（解決性）：價值問題，把對方的注意力從關注問題本身轉移到尋找解決辦法，讓他覺察到這將會為他帶來何種好處。

總之，「SPIN模型」的精髓在於從對有效問題不斷進行交流過程中，推演出對方需要且有把握的方案。

1.原是圍棋術語，雙方下完一盤棋後，重新在棋盤上把整個對弈過程重新擺弄一遍，藉此看看自己有哪些疏漏或神來一筆?或是哪些地方可以有不同甚至更好的攻法等，把整個對弈過程還原、進行研討、分析的過程，就是「復盤」。

打動人心

——透過「共情」溝通，看懂他人的內心戲

好朋友打電話跟你抱怨主管向他發飆，心情糟透了，你如何利用共情式溝通來幫他疏散心結呢？

人與人之間的交往，出於自我保護機制，在取得相互信任之前，都會不經意地在彼此之間築起一道高牆，藉以將自己安妥地保護起來。那麼，如何打破這道牆並觸動他人內心，願意敞開心防跟你相處且信任你？

本章節內容就來解決這個問題，建議可以從以下兩個方面入手：

共情力——打破心靈高牆的關鍵

首先，我們來給「共情力」下一個定義。

「共情力」指的是一種能夠設身處地體貼他人處境，進而達到感受和理解他人情感的能力。我們在談論共情力時，大多會論及情商、情緒控制、感知能力、換位思考等。共情力高的人，往往能讓他人覺得好相處，更願意打開心防，毫無保留地向你坦露心事，讓彼此更快地建立信任基礎。

什麼樣的人具備共情力呢？

經典小說《梅岡城故事》（To Kill a Mockingbird）[1]裡有句話我覺得很適合：「你永遠不可能眞正了解一個人，除非你穿上他的鞋子走來走去，站在他的角度考慮問題。」每個人或多或少都曾有過這樣的時刻，聽著別人講述自己的事情，因爲聲色動人或細節描述得非常眞實，我們會不由自主地把自己帶進情境中，彷彿他講述的那件事就像發生在自己身上一樣眞實。而話說「共情力」主要共分三個階段：第一個階段是感知共情，感受別人情緒的變化；第二個階段是心靈共情，感受到對方心靈的感受；第三個階段是行動共情，通過行動給予對方回饋或援助。

感知共情需要透過敏銳的洞察力，透過對方的肢體語言、語氣聲調來判斷出此刻的狀態。所以只有全心投入在對話過程中，才能捕捉到這些變化，讓別人感受到我們的專注和共情，而非是敷衍附和。

那麼，共情力到底要怎麼修煉呢？

（1）釐清我們今天要溝通的人事物，把發言權交給對方。

（2）學會傾聽，引導對方吐露更多資訊和情緒，幫助我們做出精確判斷，而非妄下結論，導致站在對方的對立面。

（3）適時表達認同，跟隨著對方的節奏，走進他的情感、認知世界，不要站在高處去批判攻擊，避免引發對方的反抗意識，離你越來越遠。

接下來，我們就從傾聽和表達兩方面入手，教大家如何運用共情式溝通來打破心靈壁壘，觸動旁人的內心。如果你想要讓自己成爲朋友圈裡受歡迎的人，既能陪別人在歡樂時談笑風生，又能在別人失意時給予體貼和安慰，那你一定要學會做一塊海綿，平時蓄水，在需要的時候擠出你的能量去溫暖別人。

兩個人一起同行，若始終是某人滔滔不絕，不停地跟你強調他的觀點、對某件事情的評價，無論是在說什麼，最後總會帶著期許的目光看著你，並且問上這麼一句話：「哎，你覺得我剛剛說的問題怎麼樣？」沒有人不希望得到同伴的認可和贊許。如果你不領情，或表現出不感興趣的樣子，那麼次數一多之後，別人一定會覺得你並未認眞聽他講話。久而久之，也就不願意再向你傾訴心聲，關係自然慢慢淡漠了。

學習「共情式溝通」的關鍵

我們在現實生活中一貫接受的教育就是「多表達，多說話」，似乎在一段關係中，只要你說得越多，就越能掌控對話的主動權，而說話較少的那一方則沒有主動權。但有時候說太多未必是好事，正如大文豪海明威（Ernest Miller Hemingway）有句名言：「我們花了兩年學會說話，卻要花上六十年來學會閉嘴。」每個人都有表達的欲望，想把自身經歷、人生的感悟或成功後的喜悅分享給朋友。如果我們可以滿足別人的這種需求，就會被認爲是一個可以交往的人，是一個善解人意的人。**在一段人際關係中，做一個優秀的傾聽者，有時往往比滔滔不絕地講話更具力道**。但可惜的是，多數人並不知道什麼是有效的傾聽。至於如何學會共情式溝通，記得要把握以下兩個方向。

關鍵1 傾聽

「察言觀色」是我們理解他人眞實想法的基礎，所以要在溝通中學會「感受」。

（1）透過感官去感受。例如關注對方的外在和穿著打扮，判斷這個人的大致風格，可爲接下來的開場白儲備更多話題。比如對方今天搭配了亮眼的飾品，你便可以說：「哇，你今天這條項鍊跟外套好搭啊，我要是有你一半的美感就好了。」再者，在交談的過程中多多留意對方的語氣變化，嘗試從抑揚頓挫中找到對方想要傳達的重點訊息，讓對方感受你對他的關注。

（2）用肢體語言去營造和對方在同一個頻道的感受。例如放下手機、平板電腦等電子設備；找一個讓雙方都舒服的聊天空間並保持適當距離；或是·面向對方，身體保持開放姿態，比如雙臂展開放桌上，儘量不要做出手臂抱胸前抱臂、盤腿等姿勢；最後是保持目光接觸、適時地點頭互動、選擇使用和對方一致的身體姿勢。

（3）用情緒去感受，進入深層次的共鳴。例如跟隨對方的節奏來說話；用心感受對方的情緒；嘗試理解對方情緒波動的起因；覺察自己情緒的變化，分辨哪些是自己本身的情緒，哪些是被對方帶動起來的情緒。

關鍵2　共情式表達

透過這三個感受完成共情式傾聽後，即可感受到對方的情緒、情感並對這些資訊下判斷。接下來，便可透過表達來讓對方感受到我們的關注。而這也就是共情式溝通的另一個面相：共情式表達。

擁有共情力的人，能夠準確把握當下的情境，用字遣詞往往也更恰如其分。會溝通的人並非是把腦中的想法直接倒出來，而是推己及人地考慮他人感受，並以此調整表達方式，避免傳遞眞實訊息時遭到扭曲誤解。此外，執行妥善的共情式表達，還有四個關鍵要特別注意：

（**1**）**複製性的跟隨**。適時點頭或說「我能理解你……」、「剛剛說的是不是……」、「還有呢？」暗示你在認眞傾聽，而且可以引導、鼓勵對方向你描述更多的資訊。有時簡單地重複訊息也可帶來神奇的效果，例如「我的天，確實不可思議！」或是「明白，換成是我，我一定也和你一樣。」這個方法用在看不見對方的溝通環境下，比如電話中或影音溝通時尤顯重要，可以及時給予回饋，向對方發送訊息，例如「請你盡情地表達吧，我一直在關注你」便是一例。

（**2**）**支持性的提問**。爲了鼓勵對方積極溝通，讓我們接收到更多資訊來判斷他的感受，你可透過不斷地支持和認同對方的觀點和感受，鼓勵他描述更多的細節，例如「你是不是覺得有點……」、「你想說的是不是……」、「你現在感覺很沮喪，是嗎？」

（**3**）**確認性的回饋**。當你已掌握夠多的資訊，並可判斷自己了解對方感受時，需要建立共識的時機就已來到，你可以這樣表達：「你剛才說……你一定感覺……」、「我眞爲你高興。」、「幸虧是你，換我遇到這樣的事，肯定不如你……」當然，你也會有不認同他人的態度和觀點的時候，你可以試著這樣表達：「你這麼說，我感覺很不舒服。」、「你這麼想，我有點失望。」、「我明白你的意思，但我有一些不同的觀點，可以聽我說一下嗎？」

（4）以對方爲中心的表達。研究發現，從神經學的角度來看，驅動大腦決策的是原始腦，它只對自身相關的事物感興趣，與自己不相關的事物則會被遺忘或弱化。正因如此，多數人都是採用「以自我爲中心」的溝通方式。比如在職場上，跨部門溝通時常會說：「我們的合約……幫忙催一下……」這種表達就是明顯站在自己的立場上表達的。但若換個方式：「知道您忙，但還得煩擾您一下。」就是以對方爲中心來進行表達的方式，更可突顯事情的緊迫性。相比之下，後者往往更容易被接受。

人脈交誼廳

如何學習共情力？

- 釐清溝通的人事物，把發言權交給對方。
- 學會傾聽，引導對方吐露更多資訊和情緒，幫助我們做出精確判斷，而非妄下結論，導致站在對方的對立面。
- 適時表達認同，跟隨著對方的節奏，走進他的情感、認知世界，不要站在高處去批判攻擊，避免引發對方的反抗意識，離你越來越遠。

1. 由美國作家妮爾・哈波・李（Nelle Harper Lee）於 1960 年出版的小說，當年度即榮獲普立茲獎。小說取材自作者對於周遭親友們的觀察，題材涉及種族與強暴等嚴肅議題（資料來源：維基百科）。

達成共識——如何說動他人願意與你合作？

你與他人合作時是否曾經遭遇困難？如何解決？

不論是上班或自行創業，我們都需要跟別人合作才能完成目標或擴大業務量。但爲什麼有人就是一呼百應，人人都願意與他合作，但卻有人就是讓大家一聽就只想拒絕，甚至連個小小要求都怨難從命呢？

以下這個章節內容就是要分析和解決這個問題，需明白要想達成合作，可從下面三個方向來考慮：

為什麼要合作？前提是什麼？

人際關係是無法建立在單一個體之上的，**合作是一種關係融洽的狀態。合作的目的在於讓雙方創造共贏**。

那麼，人際關係中達成合作的前提是什麼？

（1）一致的共識或目標。任何合作都要有共同的目標，至少是短期的共同目標。比如與同事間合作達成的目標多半是提升業績，爲公司創造營收；與合作夥伴達成合作的目標在於完成這個專案……舉個簡單的例子，你是足球隊隊長，但在一場比賽中你只能選擇一個位置，要哪守門，要嘛擔任前場、中場、後場的某一個位置，你需要找一群目標一致的隊友來共同完成這項運動。合作贏得比賽自然成爲大家共同的目標，球隊中若想贏球和不想贏球的人各占一半，這個球隊肯無法不容易獲勝的。

（2）共通的意識和規範。合作雙方需要對完成的目標、執行過程、關鍵環節等擁有共識。在合作行動中，雙方必須嚴格遵守共同的約定和認可的規範。比如公司制度、合約規範、工作要求等。

（3）互信的合作氛圍。良好的信任是一切合作和行動的基礎。只有放心背向對方，才能算是彼此相互信任，並在合作過程中發揮自己的特長和作用。

在職場中，同事算是與我們溝通頻率最高的一群。那麼如何讓他們願意與你合作呢？接下來就讓我們看看，如何讓同事願意與你合作？

俗語說「在家靠父母，出門靠朋友」這種處事原則同樣也適用在職場上，但跟朋友相比，同事間往往存在著既合作又競爭的關係，很多時候甚至還會出現利益衝突。故而要讓同事願意與你合作，以下兩個方法參考看看：

正確自我定位，充分展現自我

不論是單打獨鬥還是與他人結盟，你都一定要對自己的職位負責，在工作技能、貢獻價值等方面更需有清晰的定位和評價，針對自己的主要任務和需要解決的問題，時時做出貢獻。在日常生活的交流與溝通中表現出自信、樂觀、專業的人設形象，與同事間之主動分享生活訊息，不以過往資歷論成敗，不以進入公司早晚論資排輩。

論及展現自我，這既要展現自身專業的相關技能，更要表達自己在態度上積極的一面。請記住，切勿向同事吐槽個人私事。因為你不知道自己會在什麼時候出現在另一個人的談話、計劃或想法中。另外，大家都喜歡和優秀的人共事，所以請盡情釋放你的專業，用專業去說服別人，準沒錯。

展現專業，讓同事感到安全感

安全需求是社交中最基本的需要。在與同事的交往中請不要探聽、揭露他人隱私；不在背後道人長短，不可搬弄是非；人孰無過，不可記人過錯，更不可存報復之心；不狂妄自大、事事要占盡上風。一旦同事意識到你是忠實且可靠的人，自然會毫無顧慮地與你交往了。

做一個可讓人信任的人，別人拜託你幫忙會感到安心久而久之，別人就會覺得你是一個值得信賴的人。比如守時，在既定時間裡按時提交規定的任務，完成後更同步回饋結果給大家，讓別人知道這件事已經完成，可以安心。而除了與同事處理好關係，讓同事願意與自己合作以外，我們同樣也要做好向上管理，與主管建議良好的互動，讓他們願意支持你的提案或工作。

向上管理的三大重點——如何讓主管願意支持你的工作？

職場中，與主管的關係可說是重中之重。身為下屬，即使你才華橫溢，如果得不到主管重視，那也只是英雄無用武之地，徒呼負負。而擅於與主管打交道的人通常在職場上會更受歡迎，職涯發展也會比一般人更順利。

至於向上管理，建議大家注意以下三點：

重點1 了解主管的期望

身為下屬，主要工作就是貫徹主管的決議和計畫，執行力是主管對屬下最基本的要求。一定要釐清主管的期望，以免用錯方法或搞錯方向。拿到一項指令或任務時，務必問清楚項目的截止日期是哪一天？需要動用哪些資源？重要的里程碑是什麼？相關核心人物是誰？

與主管開會時可以帶著筆記本或任何可供記錄資訊的工具，因爲有時主管在當下的思維或決策不一定清楚，我們需要接著做分析，評估核心目標及完成的標準。避免由於過度樂觀、過度承諾而造成任務若未按時完成，反而降低了自己在他們心裡的評價。須知在職場上接下任務，切忌三「拍」：一是在接下任務時跟主管「拍胸脯」說這事包在自己身上，鐵定能完成；二是執行過程中「拍腦袋」，不假思索地說出這件事就按我說的辦；最後待任務結束後「拍大腿」感嘆早知當初不這麼著急做就好了……。

重點 2　以積極主動的態度感染他人

記得自己初踏入職場時即戰力強，在公司裡活脫脫就是「一股清流」，主管上午交辦的工作，我往往在上午就解決了。有時甚至會主動詢問主管有沒有其他我可以勝任的工作需要做？現在想想，透過主動做事，確實讓我迅速學會一些做事技巧和並累積了一些資源。

所謂**使人成長的不是時間，而是經歷**。請記住，職場三十歲的焦慮，其實都是我們放棄主動學習、學習速度過慢，甚至是缺乏創新意識所導致的。

重點3 勇於擔責，不爲失敗找理由

沒有人不會犯錯，除非你不做事。一點事情都不做，一點也不願意去嘗試創新，自然可能不會犯錯。但那樣的工作又有什麼意思呢？不要爲自己的失敗找藉口，也不要將責任推卸給他人，要有所擔當。別人都在抱怨時，如果你能默默找方法解決，主管一定會覺得你是可以信賴和依靠的人，日後也會將更多的機會留給你。

那麼我們應該如何判斷這個人是否可以信任呢？

其實可以這麼看，**凡事有交代，件件有著落，事事有回應，這就是可以信任的人**。我覺得看一個人靠不靠譜，就是看他能不能輸出確定性。想要成爲一個眞正靠譜的人，就要長期對外輸出確定性，認清自己的角色，管理好自己的承諾，說到做到。例如，答應主管在週三做完某項工作，那就務必要在週三之前完成；答應週末陪孩子去郊遊，那就一定要提前規劃好行程。在職場上，靠譜就意味著專業，一個人專業，即代表他在公司裡越是具備核心競爭力，也就越不可被輕易替代，在這個行業裡自然越有前途。

人脈交誼廳

向上管理的三大重點

- 了解主管的期望
- 以積極主動的態度感染他人
- 勇於擔責，不為失敗找理由

社交邊界

——「保持距離，以策安全」的藝術

與人交往時曾經遭遇過哪些難題，讓你感覺對方似已觸碰到你的底限？而你又是如何處理的？

在生活或工作中，你是否曾經遭遇過以下幾種情況：剛跟某一個朋友說了一件私事，豈知下一秒周邊朋友通通都知道了；一位僅有過一面之緣的朋友問你：「聽說你在銀行工作，有沒有機會介紹我去上班？」或許你已婉拒對方，但因爲他的堅持加上礙於情面，所以你還是硬著頭皮答應了……。

其實會出現這些情況，很可能就是因爲你在社交關係中並未建立良好的社交邊界，也就是預設一個你能接受的底限。

參與社交活動時，掌握分寸感很重要，它既可讓我們釐清自己的底限在哪裡，也不會因此給旁人帶來困擾，更不會替自己增添煩惱。故而以下章節內容就讓我們一起來分析和解決有關於社交邊界的問題，建議大家可從以下三個方向著手：

何謂社交邊界？為何會出現破口？

我們先來看看什麼是社交邊界？

社交邊界是指對社交關係界限的判定，是在社交活動中人的心理活動的限制線。簡單來說就是**在社交關係中，我們需要明確哪裡是自由地？哪裡是禁區？什麼事情可以做？什麼事情不可以做？……情況類似於人際社交距離**。社交距離其實有範圍，根據統計一般說是1.2～3.6公尺之間。對於非親密關係者，超過或低於這個距離就會讓人感到不舒服。同理，人際心理邊界也有一個正常範圍，一般又稱「心理圍牆」，能讓我們確定一個心理範圍，並且確保自己在這個範圍內的社交，感到舒適。

那麼，造成社交邊界產生破口的原因是什麼？

原因1 不懂社交禮儀的分寸

通常不懂得社交分寸的尺度的人是什麼樣子？

比如那種令人討厭的「查戶口」式聊天：「哎，你家裡有幾個人呀？」，「你的父母親是做什麼的？」，「你現在一個月薪水有多少？」等等。還有過度干涉別人行動的聊天，比如：「這件事聽我的準沒錯，就按照我說的辦就是……」

程度輕一點的則是「批判家」口吻，比如：「你太自私了」或是對方開玩笑觸及了你的隱私，你表達自己並不開心，豈料對方竟然回你一句：「這點兒玩笑都開不起，小氣……」這樣看似不修邊幅，但其實是以自我為中心的社交方式，不懂得考慮他人感受，不學著拿捏社交分寸的尺度，就會讓人產生不舒服的感覺，從此敬而遠之。

原因2 不會拒絕

人類屬於群聚生活的動物，在社會這個群體裡，每個人都是一個獨立的個體，有自我判斷和獨立處理事情的能力。然而有些人卻不懂得拒絕，導致自己在社交圈內處於一種相對弱勢的狀態。例如你會在準備下班時答應同事幫他完成工作。直到某一天你準備回家，他又跑來找你幫忙，而你跟他說：「家裡有事需要回去處理，我必須先走。」但他竟然回你說：「不急，你幫我弄完再走啦……」這就是因爲同事長期下來已經習慣你的幫助，所以理所當然地認定你很好說話，根本不該拒絕他；只要你拒絕，對方就會立刻翻臉，覺得你是一個不樂於助人的咖，毫不顧及同事關係。

掌握社交分寸的方法

所以……了解形成社交邊界出現破口的原因之後，我們接下來便要學著找到應對方法，輕鬆掌握社交分寸感。而這其實有兩個方法：

方法1　由己推人，設置禁區

掌握並了解自身底限的第一步就是設置禁區。簡單來說就是在交往過程中，根據對方的喜好設置一個禁區，對於禁區內的話題盡力做到能避就避。但這需要在交往一段時間，彼此間已有一定程度的了解之後，才能知道對方的喜好。

那麼對於剛認識的朋友又該怎麼辦？建議可從我們自身出發，由己推人。雖然不了解別人，但總該知道自己的底限在哪邊？有哪些方面是不喜歡被人介入的？建議你不妨把自己的禁區找出來，並先假設這也是他人的禁區。我建議大家這樣做是有道理的，原因是人們總有些東西是共通的，特別是在交往時的感覺上更是如此。此外需要注意的是，你所設置的這個禁區是基於由己推人的基礎去「推演」出來的，這只是一個開始，還需要在相處過程中，根據自己的觀察隨時修正。

在這裡，容我向經常喜歡給別人提建議的人做個提醒，就像去別人家裡做客一樣，當別人並未邀請我們時，千萬不要貿然建議別人應該怎麼做，否則很容易把握不好邊界。

方法2 及時提醒，勇敢說出「你不喜歡」

相處不是一個人的事情，需要處理的通常是雙邊甚至多邊的關係。只有每一個參與的人都清楚底限，關係才能處得恰到好處。所以除了由己推人預設對方的禁區之外，還得學會面對沒有邊界感的隊友對你的冒犯。

當對方越界給你帶來不快時，一定要及時做出反應。明確地告訴對方，這樣做讓你感覺很不舒服。需要注意的是，態度要和緩，語氣更要委婉，但態度或是傳遞出來的訊息務必要明確。而這個提醒系統最好能劃分等級，釐清一時疏忽和擅闖底限之間的區別。

如果對方只是一時疏忽，並且快速反應過來，並主動向你致歉，這時你記得就要大器一些。但如果對方對你的反應毫無感覺，那你就得明確表達心中的不悅了。千萬別不好意思開口，因為這個提醒系統就像是電路系統的保險絲一樣，必要時，保險絲的熔斷是為了確保整個電路系統不受損失。

此外，當有人來徵詢你的建議或是給你建議，甚至要你幫忙等諸如此類的事情時，你大可直接告訴對方：「讓我考慮一下，我現在無法立刻回答你。」

為自己爭取到考慮的時間之後，再去判斷是否屬於邊界之內的事情？對方的建議是否有道理？你願不願意改變等等。待判斷清楚後再回覆對方。回覆時也要儘量委婉，若你覺得無法掌握好分寸，也可以使用例如「沒時間」來拒絕。心理學大師唐納德·伍茲·溫尼科特（Donald Woods Winnicott）說過一句這樣的話：「心甘情願地說好，溫和而堅定地說不」，這也是我認為維護人與人之間關係最好的方式。

建立「社交邊界」的關鍵

買股票的投資人都清楚何謂「熔斷機制」，這是交易所為控制風險而採取的暫停交易措施，讓市場冷靜下來，向投資者提示風險，從而有一定的時間來應對準備。它在社交邊界的建立中同樣適用，給雙方的關係上一層保護鎖，短期看也許會讓對方覺得尷尬，但長期來看，卻是因為明確雙方的底限，反而讓關係更長久且可持續。

以上除了掌握社交分寸感的方法之外，我再為各位提醒一下。

關鍵1　開玩笑要講分寸

適度的玩笑話或許並無害處，但若失去分寸，那就會變成把自己的快樂建立在別人的痛苦上。在別人的眼裡，會變成是一種假借玩笑的名義而來的傷害。把握好開玩笑的分寸，也是社交分寸感的一種體現，便於我們和他人建立友好關係，這裡有三個技巧可供參考：

（1）不在公眾場合開私人玩笑。玩笑本就是私下聊天、提升關係的一種溝通方式，切忌公開討論。

（2）不與不在同一個頻道上的人開玩笑。如果某人並未融入你的語境，請勿隨便開玩笑，否則別人會不明所以，還會覺得你是在侵犯他。

（3）不開與旁人隱私相關的玩笑。任何以揭短或拿他人隱私來開玩笑的行為都不可取。

關鍵2　「交淺言深」並不可取

剛一見面就把自己或公司的情況全盤托出，以為這樣做可以讓別人看到你的眞誠、加深雙方的交情、增進關係，但結果往往會讓人失望。事實上，貿然地將自己的事情說給不熟的人聽，一方面會給自己帶來麻煩甚至是危險，另一方面也會讓陌生的對方感到尷尬、難以接受。

反之亦然，當你們的交情並未到達一定程度，也不要過多干涉他人的人生，對別人的事情指手畫腳，很可能會引發反感與抵觸，影響彼此的關係。

出言有尺，待人有度，切記交淺言深。

人脈交誼廳

開玩笑的分寸

- 不在公衆場合開私人玩笑
- 不與不在同一個頻道上的人開玩笑
- 不開與旁人隱私相關的玩笑

化解衝突——消弭人際關係衝突，有秘方？

與同事之間對於工作抱持不同看法，雙方更處於劍拔弩張的狀態，如何巧妙化解衝突？

你是否曾在職場或生活中遇過這樣的窘境：朋友向你借錢，承諾的還款日期已過去很久，但他還是裝做若無其事那樣始終不還錢；主管承諾幫你升職加薪，但卻一拖再拖等。對於這些行爲，如果處理方式得當，問題能夠順利解決，但也有可能因此讓人際關係會在衝突中得到提升。但如果處理不當，只會讓情況變得糟糕，離我們想要的結果越來越遠。

那麼有沒有一種方法可以幫助我們處理衝突與對立，而且能夠顯著、持久地改善彼此的關係？

答案是肯定的。本章節就來幫大家解決這個問題：

分析衝突——雙方矛盾的心理根源

人際衝突是一種發生在相互依賴的人與人之間，矛盾衝突的心理過程，其本質是各方感知到目標、認知或價值觀之間的矛盾，最終導致衝突。簡單說就是，實際和預期落差太大，進而導致情緒出現一連串的變化，失望是比較常見的一種。當我們感到失望時，通常會覺得自己無法掌握事情的發展、充滿無力感，進而降低對他人的信任。例如多數人之所以會在公司發生爭吵，無非是因為利益分配不均，尤其是在一些強調業績獎金或以績效為導向的公司，員工之間因為搶客戶、主管偏袒等問題屢屢產生衝突，因而離職者亦不在少數。

一般人不知道如何處理人際衝突，一是缺乏技巧，只要感受到他人強勢的影響時便無法有效行動；二是容易受到負面情緒的干擾和控制，無法決定應該如何選擇，感到猶豫不決。面對這些人際衝突障礙，我們可有以下兩種選擇：要嘛激烈抗爭，也就是「戰」；要嘛迴避衝突，也就是「逃」。這些行爲選擇其實是由大腦決定的，所以了解一下大腦的構造，將更加有利於我們了解自身的行爲。

美國神經學專家保羅．D．麥克萊恩（Paul Donald MacLean）1提出過一個「三重腦假說」（Triune brain）的理論，他認爲人類的大腦結構是一種進化的產物，可分爲原始腦、情緒腦和視覺腦。

1 原始腦

負責個體生存、生理安全需求和身體知覺。所有動物都有原始腦，它主要控制心跳、呼吸、血壓和新陳代謝；它與心相連，靠身體感覺而無法用意識控制。感到不安全時，原始腦會出現三種反應：分別是戰鬥、逃跑或僵住，這也是人類啓動自我保護機制或攻擊的本能反應。

2 情緒腦

情緒腦又稱「哺乳腦」。情緒腦與原始腦共同工作了五千萬年，是在家庭生存的需求狀態下形成的產物。它關係著社交、互惠和育兒等方面，渴望被尊重、被愛、被接納、被信任，所有哺乳動物都擁有情緒腦，它讓我們能夠養育後代，也能聚集家族，共同生活。

3 視覺腦

視覺腦又稱「大腦皮層系統」。視覺腦工作的時程已有三百萬年的歷史，它控制著認識功能，包括語言理解、學習和記憶、推理和計畫等。

化解衝突—消弭歧見的方法

了解完大腦結構及其相關功能，我們也就能理解人在面對各種情緒變化、挑戰、極端環境下做出的行爲反應了。那麼有沒有化解人際關係衝突的有效方法呢？

其實結合人際衝突的心理學根源，我們在化解人際關係衝突時，必須從以下三分面入手：處理情緒、精準表達、追求雙贏。

方法1 處理情緒—避免「情緒失控」+必要時先「晾一晾」

如果發現對方聲調突然升高或突然沉默不語，那我們需要立刻調整對話內容與節奏，適時對情緒進行引導和疏解。比如可以說：「不知道我剛才說的話是否有冒犯到你，如果有，我先道個歉。」如果其中一方出現情緒化的溝通，理應優先解決情緒問題，再去解決事情本身，切忌把情緒和事實穿插起來解決，那樣只會把情緒問題不斷放大，進而掩蓋事情本身，導致大家的注意力被調離，無法有效解決原本應該解決的問題。

「南風效應」（South Wind Law）是化解衝突的有效手段，又名「溫暖」效應，指的是什麼？

法國作家讓·德·拉封丹（Jean de La Fontaine）[2]曾寫過一則寓言，講的是南風和北風比威力，看誰能把行人身上的衣服脫掉。北風淩厲刺骨，行人爲了抵禦北風，把衣服裹得更緊；南風溫暖和煦，行人覺得無比清爽，便把衣服脫掉了。結果南風取得了勝利。這在心理學上被人們稱爲南風效應。南風效應說明，在遇到矛盾時，溫和的態度更易改變人、打動人，用低調的方式處理矛盾衝突更有效。

心理學研究表明，情緒爆發是人類面對挑戰的突然性的應激反應，它很強烈但不持久。觀察一下我們的日常生活也會發現，一般人在發脾氣時，通常會在某一瞬間突然拉高聲調，或是突然哭了，但待過了一陣子後，等情緒緩和下來，往往就會回復正常，談笑自如。所以在面對情緒爆發時，我們不該著手解決情緒，有時將它「晾一晾」反而會更好。等情緒全部釋放出來，人們就會趨於理性，進而體悟到事情本身的眞實情況。

但還是要記得，「晾一晾」不代表忽視，將別人的情緒置之不理；我們其實是希望藉此給對方一個緩衝的空間，帶著一份尊重，希望等到對方情緒恢復正常後，再進行平等理性的溝通。

方法2 精準表達—溝通「不翻舊帳」+啓動「同理心」

待情緒爆發期過去以後，雙方就可以開始著手解決問題。這時要記住，在溝通過程中千萬不可翻舊賬，尤其是情侶或夫妻之間吵架，雙方一定要有不翻舊賬的原則，否則就會激起對方不好的記憶，進而陷入新的輪迴中……。

說話的內容與方式會影響衝突發生的頻率，在衝突發生後也會影響著衝突的化解。某些生硬的語言核彈，特別是口頭禪之類的，更是容易成爲雙方溝通的障礙。例如「你說得不對」、「你弄錯了」、「你不懂」……這樣的否定用語只會讓對方心生抵觸，進而導致爲了證明自己，雙方爭吵勢必難以避免，溝通自然陷入僵局。

此外，「可能」、「隨便」、「不好說」……等模糊用語，也會給人一種難以信服的感覺，也無法讓對方準確了解你的想法，自然容易造成分歧。

在者，「好」、「知道了」、「不清楚」……這種惜字如金的說話方式也會給對方一種敷衍的錯覺，認爲你不願意溝通，雙方無法建立互信關係。所以，我們在溝通中要注意自己的用詞遣辭，改善說話的內容與方式，透過「化否定爲肯定，化模糊爲清楚，化簡短爲完整」盡可能清楚、完整表達自己的意圖，展現誠意，才能讓溝通繼續，化衝突於無形。

（1）面對「失望」情緒，記得多鼓勵。

失望是我們比較常見的一種情緒，很多人爲了避免他人給自己帶來失望，所以選擇將所有的事情都攬在身上自己做，但這樣往往對於雙方都沒有好處。比如大人擔心孩子把事情搞砸，所以不讓孩子自己去試試看，那孩子永遠不會長大；主管因爲不信任部屬，所以選擇自己親力親爲，那員工肯定永遠不會成長……。面對這種情況，我們需要做的是設立情緒緩衝區和容許犯錯的底限，讓對方願意勇敢嘗試。比如試著說：「我知道這件事對你來說挺有難度的，但我會陪你一起試著解決，我們一起挑戰吧。」你傳遞的信任感，可讓對方變得有勇氣。你可以提供證據、擺出事實，讓他明白這件事情一定可以自己完成。你還可以給他一些建議，讓他對完成工作更具信心。幫他做一些支持性的工作，也是一種不錯的鼓勵。

（2）遭遇「對立」情緒，不妨表達認同。

在發佈一些決策通知時，如果有人和你抱持不同觀點和立場，我們大可放開胸懷，給予對方表達觀點的空間，先認同對方的角度和觀點，再堅持通知的落實。

首先，我們可從一致的問題開始溝通。

壬色列理工學院（Rensselaer Polytechnic Institute；RPI）曾有一項實驗表明：不當的「指責」對職業人際關係危害極大，是職場上產生衝突的主因，其危害甚至超越猜疑、性格不合及權力鬥爭。當我們需要表達反對意見時，若以「你怎麼能這樣」、「你這樣做不對」做爲開場白，往往會引發很多的對抗情緒。與人交談時，想讓對方接受自己的觀點，記得先別討論雙方意見分歧的問題，別急著貶損對方的觀點，而要先反覆強調雙方共通的觀念。要學會從「你的哪些方面我很認同」、「在這裡我們是一致的」這樣來開場……然後，認眞體會他人的立場。

在說「不」之前，我們應該放下自己，客觀地評價一下對方的建議和評價是否屬實，認眞傾聽對方的觀點和感受，設身處地理解對方的立場。再眞誠地與之交換意見，找到雙贏的可行方案。這裡我們就可以使用先前提到的「共情式溝通」。

方法3 掌控衝突──透過衝突，尋求雙贏

前面講到衝突的心理學根源在於利益或認知，所以我們可以通過掌控這兩種衝突，實現共贏。

教你一個方法，叫「上推下切」：遇到問題，往上推導，尋找共識，往下切細節，找到可以執行的最小單元細節。首先我們來分析利益衝突。在組織中，典型的跨部門衝突就是如此。

我們可以先公開問題，共同協商利益相關的問題，因爲迴避只會導致事情的拖延和惡化。透過公開探討，找出雙方的一致目標和共同利益，有了共識，人心才會凝聚起來。

公開問題之後，我們要做的就是細化規則，明確內容。大家需要協商出一個具體的「規則」，藉以確定那些彼此在工作中「無法可依」的灰色地帶。例如哪些修

改是必須的，需與客戶提前確認的細節又是什麼等等。最後，我們要以結果爲導向，討論雙贏規則，防止陷入漫無目的唇槍舌戰。爲了確保公平和效率，需要協力廠商或主管加入，以結果做爲導向地尋求解決問題的方法。

接下來，我們來分析認知衝突。這是有關人們對待一件事情時，「理解」、「看法」和「選擇」的問題。

衝突的原因來自認知偏差。由於每個人的認知、知識儲備、三觀都不見得一樣，故而在看待事物時難免會帶著既定的觀點，對事情的理解也不盡相同，因此我們需要先釐清衝突中的關鍵矛盾點，例如針對一些專有名詞、理念、含義等，雙方的理解是否一致？待釐清這一個重點，再進行討論：爲什麼會這樣做？理由是什麼？避免繞一大圈後發現雙方其實是對概念產生偏差。發生衝突時，如果總是盯住雙方的分歧點，通常只會鬧得水火不容；但如果能從差異中求同存異，找出共識，那將有助於統一雙方的目標，增強雙方對於事情本身的認知，從而發現更多可能性。

在現在的工作環境中，人們通常使用聊天工具進行線上交流。因爲文字能夠傳達的訊息有限，加上每個人對於文字的理解程度也不一樣，所以雙方在溝通時，難免會在表達某個問題時產生衝突，不幸若遇到這種情況，我通常會這麼建議：

（1）確定對方想要表達的眞正意思是什麼？

（2）安撫情緒後，基於對方的眞實目的，迅速描述眞相，不摻雜主觀意識、情感。

（3）確定問題後，給予解決問題的建議和方法。

（4）不害怕衝突，培養自己化解危機的能力，每一次的摩擦都是情感升溫的好時機，要做到「越吵越親密、越吵越清楚、越吵越能達成目標」的境界。

化解人際關係衝突的關鍵

- 處理情緒
- 精準表達

1.（1913.05.01～2007.12.26）美國知名神經科學家，提出大腦演化的「三重腦」假設（資料來源：維基百科）。

2.（1621.07.08～1695.04.13）法國詩人，著有《拉封丹寓言》（Fables choisies mises en vers）。擅長以動物比喻人類，藉以諷刺勢利小人和達官貴人的猙獰嘴臉（資料來源：維基百科）。

Part 4

經營關係

讓你建立的「關係」，能爲你所用

◎社交名片：如何在社交圈打造個人品牌？

◎管理人脈：讓你在關鍵時刻，找對人……

◎社交減法：適度修剪人脈網絡，告別無效社交

◎活化關係：確定親疏遠近，盤點人脈且為己所用

◎打破同溫層：放棄固守角落，走出自我一片天

社交名片

——如何在社交圈打造個人品牌？

想想自己的個人特質，並從以下四種角色中選擇適合自己的，打造專屬的個人品牌！

你或許想過：個人品牌好像只是專家學者、明星、公眾人物或企業家的專屬配備，自己不過就是一個上班族，每天就是通勤上下班，工作性質也不涉及對外交流，是否也需要打造個人品牌？

答案是肯定的。

我們在前面章節已講到了如何克服人際交往障礙、擴大關係網絡、讓人脈關係更近一步等內容，但這些努力最終的目的是什麼？無非就是希望能夠活用自己的人脈關係，打造優質社交圈。而想要達到這個目的，需要做的第一步就是在社交圈創造個人品牌，讓大家認可你，願意或主動成爲你的人脈。

那麼，我們該怎麼做呢？以下有兩個方法可供參考：

澄清誤區——「討好」不一定會有好人緣

很多朋友覺得，要想在社交圈中樹立好人緣，平時就得多送禮、多邀請大家聚會、頻刷存在感、朋友需要幫忙時立刻出現，這樣我在社交圈的個人品牌就可以建立起來了，能跟許多人建立深度社交關係。

其實不然。

如果你眞的這麼做了，除了很累，而且實際的收穫往往與你的預期相差很大。不管是在生活還是工作上，想要獲得別人認可，靠的是能力和人品，而非刻意討好。你會發現，越厲害的人，越容易糾集衆人與之親近，爲什麼？因爲

無非是和厲害、優秀的人在一起，既可學到做事方法，還能提升自身的思維認

知，獲得長足的發展。這也是我們在前面曾講到，**優質社交的本質是提升自我**。

人是因爲自己優秀了，才會吸引到優秀的朋友，而不是討好優秀的朋友才變得優秀。在你還不夠優秀時，身邊圍繞的也許是和你一樣不算優秀的人，故而即使再怎麼討好，也很難眞正得到優秀的人認可。反之當你開始變優秀了，你自然就會進入優秀的人脈圈。最重要的是，一旦進入了優秀的圈子，你會發現：不需刻意「努力」便可得到大家主動的認可。對於眞正優秀的人來說，**提升自己的能力和證明自己是對的，遠比得到別人的認可更加重要**。

那麼，如何在社交圈建立個人品牌呢？

打造個人品牌的方法，就是要確認自己在社交關係中的「角色定位」。個人品牌不只是某一種群組的專屬，只要我們處在社會的合作過程中，任誰都有可能需要別人記住自己是誰？具備何種優勢？和別人不同的地方是什麼？

確認定位──我在社交關係中的角色？

在社交關係網絡中也是如此，想要在別人心理留下一個深刻的印象，就要明確**並忠於自己在社交關係中的「角色定位」**。如此一來，你的個人品牌便可在社交圈中被建立起來，大家會根據你的個人品牌，決定是否願意與你建立深度社交關係。

簡單來說，就是要在人群中快速地脫穎而出，讓別人記住你。每個人在不同的環境、不同的人生階段中都會擁有不同的角色和分工。在朋友圈扮演朋友的角色，在公司扮演者員工或主管的角色，在學校扮演學生或老師的角色……無論在這層關係中扮演的是何種角色，唯有忠於自己的角色，才能使社交關係變得和諧融洽。

忠於角色的前提是明確自己的「角色定位」。也許你沒想過這些問題：你在社交關係中可爲別人帶來什麼？你的價値與別人有何差異且從哪裡體現？你的個人特徵是什麼？和別人有何不同？你的個人品牌又有什麼不同？思考清楚這些問題，有利於你在社交關係中建立差異化的角色定位，進而讓你的個人品牌更加鮮明。

既然我們的目標是建立深度的社交關係，那麼打造以下四種角色就顯得非常重要，可讓你的個人品牌更加鮮明，讓別人願意與你建立深度社交。你可以根據自己的個人特徵，選擇並打造自己的角色定位。

角色1 節點型人物

節點型角色的人物，能夠把不同群組、背景的人連接起來。比如將群組外部的人引薦給群組內的人結識；將彼此不太熟悉的人連接在一起，把弱關係發展爲強關係。這種類型的人最擅長的就是「牽線搭橋」，他們像是**社交圈中的黏著劑**一樣，讓雙方關係增強，同時也讓自己與兩方的社交關係更緊密。那如何發現身邊的節點型人物呢？他們所具備的思想和行爲是什麼？我總結以下三點：

（1）**積極、熱情**。節點型角色的人因爲擁有龐大的人脈關係網絡，所以具備很強的社交能力和連結資源的能力，也很容易吸引到各行各業的人物關注。其共同特點是樂觀、積極、對未來充滿信心，你會在節點型人物身上感受到陽光、樂觀的正向氣息。

（2）願意分享人脈資源。節點型人物總是不遺餘力地透過開放人脈網路的方式來說服別人。他們願意把自己身邊的朋友介紹給彼此認識，且有能力讓大家在相處時建立深度的社交關係，進而使新成立的社交關係保持良好狀態。比如經常組織活動和餐敘，讓大家有機會充分交流。

（3）具備雙贏心態。不論是擁有良好的人脈關係網絡，還是稀缺的資源資訊，他們總是願意與人分享，擅長組織聚會、搭建溝通平台，讓大家得以各展所長、各取所需，進而實現雙贏甚至多贏。

角色2 領袖

領袖是社交圈裡的旗幟和標竿，他們或許沒有足夠且豐富的人脈資源和極強的社交技巧，但他們自帶氣場，非常自信且擁有極強的人格魅力，可在人群中瞬間脫穎而出，成爲眾星拱月的對象。

這也源自他們精彩的公眾表達和演說能力，擅長調動別人的情緒和情感，善於推銷自己，能輕鬆地讓別人信服、認同他們的觀點和立場。例如經典著作《我有一個夢想》（I Have a Dream）是我們大多數人都讀過的一篇文章，是美國黑人民權運動領袖小馬丁·路德·金恩（Martin Luther King, Jr.）[1]在華盛頓發表的紀念性演講，傳播至今已影響了全球無數的人們……。

角色 3　專家

專家是指在社交關係網絡中，在某個行業鑽研較深、具備一定建樹並擁有一定權威性的人。專家不僅擁有在某個行業中較多的資訊資源和解決問題的能力，也能快速爲別人提供價值。所以在社交關係網絡中，**人們對專家的需求量往往是最大的，**是大多數人都願意主動結交的一種類型的人物，也是眾人最強大的依靠之一。

角色4 管家

管家型角色的人往往比較熱情，喜歡幫助他人、任勞任怨，從不會以是否能夠獲得利益來決定要不要幫助他人。當然，這裡說的「管家」不會爲了與別人建立社交關係而費心去做一些讓別人看低自己的事，而是在社交圈中爲大家提供一些服務。比如大家想要舉辦一次聚會，剛好你是餐廳老闆，就可以爲大家提供場地；大家組織一起去郊遊，你剛好可以開車帶大家去……。

以上這四種角色並無高低貴賤之分，大家可以根據自己的個人特徵和喜好來明確自己的角色定位，打造自己的個人品牌。

人脈交誼廳

常見的「角色定位」有哪些？

- 節點型人物
- 領袖
- 專家
- 管家

1.（1929.01.15～1968.04.04），榮獲1964年諾貝爾和平獎，是美國知名的社會運動者、人權主義者和非裔美國人民權運動領袖。主張以非暴力的公民抗命方法爭取非裔美國人的基本權利，是美國進步主義的象徵（資料來源：維基百科）。

管理人脈

——讓你在關鍵時刻，找對人……

按照本章節所講述的內容，試著為自己打造專屬的人脈網路！

看到這裡，你應該已經掌握了人際關係中，從陌生到熟悉的過程，擴大了自己的人脈關係網，也學會了深度連接，讓雙方關係更近一步，並在社交圈打造自己的個人品牌等項目的技巧。那麼，認識這麼多人，也讓自己具備了一定的影響力，你是否想過：若臨時有狀況發生，我應該在關鍵時刻找誰幫忙？如何讓自己的人脈關係脈絡更加清晰？

接下來這個章節就要來跟大家談談這個問題：

「人脈」為何需要管理？

試想一下，如果你到了一個陌生的領域，需要有人幫你指路，你會選擇以什麼方式來最快地獲取資訊？如果你在工作上遇到瓶頸，想在外部尋求突破，你又會透過何種方式來求援？如果你想在行銷市場領域上，大幅度地發揮影響力，你會如何解決？

如果你覺得思緒太亂、任務難度太高已瀕臨崩潰，你大可閉上眼睛想一想：我應該怎麼辦？事情眞有那麼難嗎？我目前遇到的問題是老問題還是新冒出來的？是否有人也有人曾遇到和我一樣的難題？他們又是如何辦到的？我要怎麼做才能找到他們幫忙？

其實，若眞有辦法能聯繫到正確的人，這一切都不是問題了。

「找關係」是我們經常說的一種辦事方法。當人們遇到棘手的事情，往往會透過關係找到能夠處理這些問題的人，讓他們手中的資源爲己所用。一個人能夠妥善處理和運用這些關係，即意味著可以得到更多援助，即使遇到一些讓人焦頭爛額的問題，也能迎刃而解。然而很多人雖擁有資源，卻無法妥善運用，也就是我們經常說的：**「牌好不好不重要，關鍵看出牌的人。」**

英國進化心理學家羅賓・I・M・鄧巴（Robin Ian MacDonald Dunbar）[1]在20世紀90年代提出了一百五十個人的社交圈這一數位概念，即鄧巴數（Dunbar's Number），也稱150定律。他認爲，人受大腦所限，能夠維持緊密人際關係的人數上限是一百五十人。所以請你想想自己的人脈，到底有多少人能算做是與你有著緊密聯繫的一群？你平時和這些人又是如何互動的？你們的聯繫頻率是怎樣？

搭建人脈關係網絡的重點

關係網是人際互動的基本工具，你的想法決定了它的價值，而這些價值取決於你能否透過人際互動和他人形成有效的連結。所以我們需要有意識地管理人脈，搭建人脈關係網，努力讓人脈成爲可供我們運用的有效資源。至於搭建人脈關係網，共有四個重點。

重點1　隨時爲人脈資源「做筆記」

老實說「書到用時方恨少」，人脈也一樣，當你需要找人幫忙辦事時，突然發現早已很久未與對方聯繫，這下尷尬了……，人家會不會早忘了我？我這樣直接跑去求援，會不會太功利了？應該怎麼辦？……要想避免這種窘境，建議你從現在開始，就要有系統地管理一下自己的人脈了。

再者，想要達到對人脈資源運用自如的境界，僅靠記憶力顯然不夠，及時爲人脈資源做好筆記，方可避免人脈資源豐富卻雜亂無章的尷尬，讓我們眞正地成爲人脈圈裡的交際達人！

我們需要記錄、整理好與人脈相關的各種資料，比如對方的電話號碼、工司資料、電子信箱、臉書帳號或LINE ID等聯繫方式，搭配個人習慣、個性、愛好等。除了這些基本資訊，我們還要記錄與對方的共同點、經常談論的話題和對方的關注點，以便需要時能夠查閱，也可以作爲不時之需，避免關鍵時刻的「資訊短路」。

重點 2　描繪專屬的人脈網絡

現在開始列出你的人脈網路中的名單，找出誰該列入你的人脈網路。

考慮目前及未來的需求，找出所有與你、你的團隊互相依存的人或團隊。問自己兩個問題：

（1）我目前需要依賴哪些人，又有哪些人必須依賴我？這是你的「運作人脈」。

（2）我未來需要依賴哪些人，哪些人又會在未來需要依賴我？這是你的「策略人脈」。

然後，寫下他們的名字，並在每個名字旁邊註明彼此的依存關係──你爲什麼需要依賴這些人？他們又爲什麼需要依賴你？

此外，列名單時請注意一些常見的陷阱及錯誤：

（1）你是否只想著經常與你見面或一起工作的人？既要寫下現在需要用得到的人脈，也要寫下未來發展可能會用得上的人脈。

（2）人際網路的多樣性比人脈數量重要？我們需要一些節點型的人物，用以明自己連結到更優質的資源和人際網路，為未來的發展做資源儲備。

（3）你是否忘記自己的對手或潛在的競爭者？不要排除那些曾經反對你或沒有支持你的人。如果你需要他們或他們需要你，也請把他們放進你的名單中。

（4）別忘了外部資源。你的名單中是否包含了你所在組織以外需要的人？比如重要的上下游供應商、客戶、顧問、政府或行業團體等。

接下來，請評估你的人脈名單。

首先，評估這些關係的重要性。對照名單上的每個人問問自己：這個關係對我和我的團隊有多重要？你可用數字1、2、3來表示：1代表「重要」；2代表「很重要」；3代表「非常重要」。

其次，評估這些關係的品質。假如你們必須應付一些很困難的問題，你們之間是否有足夠的互信和彼此合作的意願？同樣地，用簡單的數字來表示：1代表「有待加強，有待改善」；2代表「不見得完美，但還算良好」；3代表「關係穩固」。在評估關係的品質時，不要只從自己的角度看，還要從對方的角度來評估。最後，請比較這兩次評估的結果。看看是否有「重要性」爲2或3，但「品質」只有1的關係？而這些就是你最需要加強的地方。從長遠來看，每個關係的「品質」都應該維持在2或3的水準，而且所有「重要性」爲3的關係，「品質」也都應該達到3的水準。

透過這個簡單的分析，可以清楚顯示你的人脈品質。你有多少人脈關係尚未建立，因而只有1的水準？如果你有許多人脈關係都屬於這種情況，就表示你必須從頭開始，建立新的人脈網路。此外你也需要特別注意那些雙方已有互動，但關係品質只有1的人脈。問問自己其中是否有相似的原因。這能夠幫助你了解自己在同事眼中的形象，反省自己與同事打交道的方式。

要點3　分類設置，日常維護

LINE跟臉書應是我們最常使用的社交平台，不論是與我們深交的知己還是初次見面的朋友，我們基本上都會邀請他們成爲臉書好友或加LINE來保持聯繫。因此，我們可以按照人脈的重要程度進行分類或貼標籤，甚至備註雙方是在什麼場合相識？以便日後能夠快速回想起對方的個人相關資訊。

重要的業務夥伴建議每個月聯繫一次，見面或打電話聊聊都好。對我們非常重要的人生導師和教練，則建議每兩個月聯繫一次，不一定是去請益，簡單問候也好，讓他們了解你的動向。至於不是那麼重要的關係，每季聯繫一次，打電話或發LINE都可以。最後則是只有一面之緣或級別較高的主管，一年聯繫一次就可以了。也就是說，我們可以根據和與對方認識的時間長短、情感強度、親密程度、是否自覺地互利互惠，以及是否有血緣、家族關係，可以把人脈分爲強連結和弱連結。

「強連結」指的是認識時間長、聯繫頻率高、感情基礎深厚的關係。你會經常地幫助對方，也經常接受對方的幫助。比如家人、同學、閨蜜、摯友等。就向我與哥哥姐姐們見面次數不多，但大家都擁有很強的感情基礎，所以他們仍是我的「強連結」。

「弱連結」是指認識時間短、聯繫頻率低、沒有較多的感情基礎和投入沒有互利互惠的行爲、沒有家族血緣的關係。如果要找這些人幫忙，你便需要自動自發地去「啓動」關係，比如校友、老師、家長群組或其他等。也可以這麼說，人一生中最強大的資源都來自「弱連結」，你可以透過「弱連結」捕獲大量的資訊，這些資訊會變成機遇，在未來的某一天帶給你驚喜。

在「強連結」裡，我們感受更多的是舒服與自在。但除了彼此聊得來之外，往往很少能夠給予對方實質性的幫助。因爲彼此太相似了，甚至連困境都相似，所以除了給予一些安撫與鼓勵，抱團取暖之外，並無任何效果。相反地，「弱連結」之下的人，或許是因爲個人差異較大，也可能是所在地相差很遠，更有可能是生活圈子不同……沒辦法成爲至交好友。但這恰恰是一種優勢，由於「弱連結」不在我們封閉的交友圈裡，反而能夠引領我們接觸新事物。自己過往熟稔的領域，在對方眼裡都很陌生，故而當碰撞的一　那接觸到的資訊，通常遠遠超過和親朋好友相處幾年所獲得的。

「強連結」人脈不用刻意去設置聯繫頻率，想對方時，線上聊兩句或見面吃個飯都可以，定期維持某種形式的聯繫即可。反觀「弱連結」的人脈，可以根據對方與我們工作的相關性和重要性、對這個人的喜愛程度，酌情考慮哪些部分是應該透過加強聯繫來升級爲「強連結」人脈。

我們甚至可以把所有的連絡人都排好重要程度和聯繫頻率，在設計人脈聯繫等級和頻率的過程中，在日曆上標註提醒自己。比如設計重要人物的生日提醒、相關紀念日提醒等等，等到當天爲他們送上祝福，告訴他們你在想著他們就好了。

要點 4　設計合理的人脈結構

人脈資源的結構要高效且合理，透過多元化、多層次的人資結構便可大幅度地發揮價值。比如性別、年齡、行業、學歷等。人脈資源結構過於單一，會導致人脈資源的品質欠佳，造成人脈圈狹窄、資訊閉塞、坐井觀天。有人只重視眼前的人脈資源，忽視未來的可能性。結果隨著職涯發展及環境變化，造成自己在關鍵時刻的人脈資源缺位、斷鏈。人脈資源要兼顧公私領域，不能只顧職涯的發展和事業的成功，反而忽視生活的豐富多彩和應急需求。有人儘管在事業上發揮不了多大作用，但卻是你柴米油鹽的日常生活中的好幫手，絕對不應該忽視他們。

人脈資源要平衡「義」和「利」這兩方面，不能單以是否有用來做爲衡量標準，這樣很容易讓自己變成一個見利忘義和唯利是圖的人。一個不講情義的人，到最後只會墮入無盡的欲望深壑，沒有人願意和你合作，也不會有人信任你，和你交往，所以一定不要走入歧途，身邊要有幾個與利益毫無關係的性情朋友，一起分享生活，關鍵是還可以直接指出你的缺點和不足，成爲不斷鞭策、糾正你人生航向的燈塔。

人脈資源要重視個人成長的需要，結交一些專家學者，定期與他們交流，將會使你受益匪淺。也許讓你百思不得其解的難題，便可在他們的隻字片語中找到答案……。

搭建人脈網絡的要點

- 隨時為人脈資源「做筆記」
- 描繪你的人脈網絡
- 分類設置，日常維護
- 設計平衡且合理的人資結構

1.（1947.06.28～）英國人類學家和演化心理學家，長期研究靈長類的行為，「鄧巴數」是他著名的學術理論（資料來源：維基百科）。

社交減法

——適度修剪人脈網絡，告別無效社交

哪些是你的有效社交？又有哪些屬於你的無效社交？

想想自己是否碰過這樣的情況：爲了合群，所以總是無奈地去參加一些不喜歡的活動，因爲覺得只要認識的人越多，人脈就越廣，因此不得不利用閒暇時間去參加各種應酬；或是明明已有安排了，但卻又不好意思拒絕別人臨時的邀約……。

如果你常碰到上述這種類似的情況，那麼你很可能就已陷入了「無效社交」的地雷區，接下來我們就來試著探討如何解決「無效社交」這個問題，主要有以下三個方向可以溝通看看：

何謂「無效社交」？

一開始請大家先來聽個故事，讓我幫你們簡單區分何謂「有效社交」和「無效社交」？

一位砍柴的樵夫，另一位是放牛的牧童，兩人在山坡上相遇，並且聊了起來……。過了大半天後，牧童的牛群吃飽了，但樵夫卻兩手空空，什麼都沒找到—這就是無效社交。

再換一種說法，一樣是樵夫跟牧童，樵夫今天還是一無所獲，但透過與牧童聊天，他知道往東走的山坡上路好走，可以撿拾的柴火也多，反倒是西邊的山坡附近有個懸崖，沿途據說還有毒蛇出沒……。故而第二天，你往東邊的山坡上去碰碰運氣去，結果真的是收穫滿滿地回家—這就是有效社交。

看到這裡，你應該明白了，無效社交指的就是你在與人交往的過程中，既未感到歡愉也沒有獲得利益，整場活動下反而有一種「被消耗」的感覺。畢竟成年人的世界有時是功利的，我們擁有的一切往往都被標好了價格，所以大家都希望每一份投入都可獲得相對應的回報，但現實往往不是如此……。

「無效社交」的心態

我在這裡並不是要引導大家存著企圖心或帶著很強的目的性去與人交往，大家反而要秉持著一種成長型的思維。若想獲得財富、有效資訊、經驗或指導、能量等，就是要多多去跟帶有正面能量的人在一起。而說穿了，無效社交者往往具備以下三種心態。

心態1 合群—想要融入群體

無論是在學校、公司還是其他類型的組織，通常都會有小群體出現。你若你長期游離在小群體之外，便很可能被認爲是不合群的人，進而導致被集體孤立。正因如此，很多人選擇犧牲原本用來學習、進步的時間去社交。我身邊有一位朋友就是這樣的人。小李（化名）偶然間聽到同事們在聊天，他們說：「新來的那個小李感覺不太合群，公司活動不參加，上次叫她一起吃個中飯她也不去……」從此之後，小李每逢公司辦活動都主動參加，同事聚餐她也是每邀必到。直到後來有一次，她私下跟我抱怨，表示感覺這樣眞的太累了。畢竟爲了「顯得」合群，她浪費了大量的時間，自己也不開心，因爲在社交場合中她還是找一個角落呆坐著，直至眾人散場，各自回家……。

我相信，像小李這樣的情況不在少數，這就是陷入了無效社交的狀態。

其實，**合群的社交未必都是有益的，不合群的社交也未必都是有害的**。一味地追求社會認同感，也許會讓你在社交中獲得更多的滿足感，但透過放棄自己的個性來迎合群體需求，一樣也會讓你失去更多。與其這樣，還不如好好把握時間鍛煉自己，或是培養某種嗜好，到時候自會形成一個以你爲中心的朋友圈子，大夥兒聊的都是你們互相感興趣的話題。

要知道「你若芳香，蝴蝶自來。」

心態2 功利——多個朋友，多一條路

我們常在生活中聽到「多一條朋友，多一條路」這句話，身邊也隨時會有所謂名片搜集狂出沒，一遇到人就是狂加 LINE 當好友。

現代人似乎總在鼓吹一種「套關係」的風氣，覺得只要認識有身分地位及名望的人，這些人有朝一日絕對可以幫助到自己。誤以爲好友數量多就是人脈廣。於是，一場聚會或一次的飯局下來，他們把身邊所有的人都加爲好友。可事實上，別人極可能轉身就忘了你是誰？

心態3 愛面子——不好意思拒絕

許多人受到邀請時總會這樣想：「人家叫我去是看得起我，我怎麼好意思拒絕；我這次拒絕了，駁了人家面子，下次不叫我了怎麼辦；我這次拒絕了，會失去這個朋友吧？」

其實，不懂得拒絕別人的「好人」總會覺得，只要自己答應旁人邀請或請求，

就可以得到一個朋友。然而事實上並非如此。很多時候，你的不拒絕會讓自己浪費很多時間和精力，反而導致應該做好的事情被耽誤。

曾有人類學家分析過：每個人的社交人數上限爲一百五十人，而稱得上精準社交、高頻次深入交流的人數則爲二十人左右。所以既然我們的時間和精力有限，何不幫自己的社交裁減不必要的枝節。

（1）幫自己的社交圈做「分類」。按照與人交往的動機，現代人的人際關係共可分爲三大類：一是以「利益」和「價值」爲導向的圈層，二是以親情爲導向的圈層，最後則是以興趣和交情爲導向的圈層1。我們接著來個別分析一下：

首先是以利益和價值爲導向的圈層。在這個圈子裡面的人多半是同事、上司、客戶以及存在著合作關係的陌生人。這些人因爲工作走到一起，希望能與對方達到雙贏的目的。我們最需要做的是讓自己變強大，提高自身價值。同時也要仔細甄選，別讓那些帶著負能量的人影響自己的狀態。第二種是以「親情」爲導向的圈層。這個圈層中的人多半是家人好友，不能用利益和價值來單純衡量一切。因爲他們都是距離我們自己生活中最近的一群人，我們有時必須擔負某種責任。

最後則是以「興趣」和「交情」爲導向的圈層。每個人肯定都有幾個交心好友，他們會在你最困難時施以援手。這些朋友值得好好珍惜，需要經常溝通，並在相處中建立平等關係。

（2）客觀審視自己，梳理社交需求。爲了減少別人的情緒、態度和印象對自己的影響，最好的選擇就是將自己的「價值需求」放到社交生活中的核心位置。要明白：需求、認知越理性，我們往往就越確定屬於自己的「有效社交圈」。

所以，我們要問自己：

我的目標：我需要從社交中得到什麼？

我的價值：我能從社交中提供什麼？

我的定位：哪些人能滿足上述兩條的需求？

當你夠優秀時，身邊自然會聚集以你爲中心的圈子；相反地，假如你不夠優秀，你是爲了融入某些圈子而刻意去討好、迎合大家，這樣自然無法產生正向效果。

（3）爲自己的社交圈「斷捨離」。人生就像一趟一路向前走的火車，沿途會經過很多車站。總有人會在這裡上下車，但即使人來人往，座位數量就是有限的，所以我希望你能夠像列車長一樣，不定時地就是清查一下是否有沒買票就上車或尚未補票的人？這就是「斷捨離」……。

敬而遠之的「無效社交」

承上所言，所謂「斷捨離」，捨棄的是那些消耗你時間、精力的社交。大多數人在現實生活中都是寫企劃案的高手，但在執行計畫時卻又往往猶豫不決。例如本已下定決心要刪除幾個無用的連絡人，藉以減少無效的社交，可是考慮到最後竟然連一個人也沒刪除，反而多出了幾個根本不熟悉的陌生人。而之所以出現這種情況的原因之一，就是缺乏明確、可執行的原則。

而你若碰到以下這幾種無效社交，筆者奉勸你儘早遠離爲好：

種類1 成天抱怨、負能量爆棚

如果有一個人成天自怨自艾，三句話不離抱怨，絲毫不管別人是否接受，就一股腦地把自己的負面情緒傾瀉出來，這不僅消磨了自己對於未來的希望，也透支了別人對自己的信任和評價。須知「未戰先言敗」這類的事情，往往發生在渾身充滿負能量的人身上。

種類2 遠離「總在比較、自我膨脹」的社交圈

那些靠功利心態結交的朋友，往往易結交也易分手。過度的比較只會讓彼此心理變得扭曲，也容易讓人在炫耀中迷失自我；過度高估自身能力，受不了虛榮幻滅後的失落感，從此一蹶不振。

要知道，**幸福重在心靈的感知，絕非與他人比較而來。**

種類3　不結交「三觀差異大」的朋友

世界觀、人生觀、價值觀是我們在結交朋友、洽談合作、互動交流中很重要的判斷依據。當一群人的價值觀相近、興趣喜好、人生志向也很雷同時，大家自然會彼此靠攏，互相汲取能量、同頻共振。反觀若屬「三觀差異大」的一群人，身處其中往往只會大量消耗我們對於各種人事物的耐心，直到身心俱疲……。

降低「社交曝光度」，神秘感讓你更加分

減少無用的社交曝光，多多利用這些時間來提升自己，這就是社交減負。這個觀念的重要核心原則是，降低自己的「社交曝光度」，別讓人一眼就把你看穿了。在人際交往中，只有讓自己保持一定的神秘感，才能增強自己的社交吸引力，但與一般人理解的不一樣，我所宣導的「神秘感」是指依靠自身內在的價值、認知、格局、技能來實現的狀態。

擅長營造神秘感的人，往往更容易吸引旁人注意。人類天生就對新鮮、一眼看

不透的事物懷有好奇心。某種意義上，人類的進步也在於好奇心的驅動，畢竟探索未知是人類的本能，所以只要你越神秘，別人就越想了解你，越想接近你。**當你為自己成功營造一種神秘感時，大家反而會自動被你吸引，你也能藉此得到更多優質的社交資源**。

減少一定主動的社交曝光，並非避開人群。我們需要利用這些時間來提升自己，強化自我價值，吸引具有相同價值的人來親近你。提升自我價值的方法，可以結合我們前面的關係拓展和關係深耕模組，來修煉我們整體的社交技能。但需要注意的是，想要減少一定的主動曝光，你必須掌握方寸，你若長時間不參加社交活動，你在社交圈的黏著度就會變低，這將不利於人際關係的拓展和深耕。人際關係法則並非放諸四海而皆準，不論是加法還是減法，都要根據我們每一個人所處的狀態和現實環境來決定。

趁著還年輕，多多利用自己目前的工作機會，持續拓展視野並結交更多相同產業的專家或是產業鏈上、下游的同行，讓自己的視野更開闊，獲取資訊的觸角變更多；此外更須保持敏銳的嗅覺，方可捕捉到產業的最新風向，讓自己的決策更理性，執行更迅速。只有這樣，才能幫助自己在人生的起步階段累積更多的知識、資訊與人脈。

人脈交誼廳

敬而遠之的三種「無效社交」

- 成天抱怨、負能量爆棚
- 遠離總在比較、自我膨脹的社交圈
- 不結交三觀差異大的朋友

1.《社交減負》李維文 著；天地出版社（2020.01.01）

活化關係

——確定親疏遠近，盤點人脈且為己所用

依照「強連結」和「弱連結」的劃分方法，試著為你的人際關係網絡確定親疏遠近吧！

在你的日常生活或工作上，是否曾經碰見過以下這種尷尬情況：主管某天突然指派了一個任務給你，但你居然毫無相關經驗可以參考，上網查了資料後發現這是需要從長計議的企畫案，但畢竟時間緊迫，所以你決定向外尋求支援。於是你在十幾位平時常聯繫的好友群族發了求助訊息，但尷尬的是，搞半天依舊無人回應，訊息就是石沉大海……。

這時你回想自己手機通訊錄裡號稱有上千位好友，但在群組發訊息居然落了一

個「已讀不回」？這時才想起自己雖說通訊錄好友一堆，但昔日你似乎並不常向朋友的臉書或IG上發布的貼文訊息留言或按讚，更別提平日也不常往來……。如果你有上述這種情況，足以說明你對現有的人際關係缺乏維護，這會讓你與朋友之間的黏著度性。那麼，如何做才能激活自己現有的人際關係呢？

我建議大家可從以下兩方面入手：

盤點你的人脈資料庫

馬克．格蘭諾維特（Mark Granovetter）[1]曾在哈佛大學就讀博士期間調查了282個來自各行各業的工作人員，看看他們是如何換工作的。

他把工作人員在應徵工作和連絡人見面的頻率上做劃分：第一類屬於每週至少一次見面的，屬於頻繁見面；第二類則是每週少於兩次，每年多於一次的，屬於偶爾見面；最後的第三類，係指一年或一年以上才見一次面的，屬於極少見面。

研究結果顯示，在透過個人關係找到工作的54個人當中，大多數人的新工作是透過偶爾或極少見面的人引薦而來，緊這也是我們經常掛嘴邊說的，能在危難時借你錢或幫你忙的人，往往不是親友，而是泛泛之交。所以我們需要盤點自己的人際關係，將現有的關係按照格蘭諾維特博士的方法，即按照和對方認識的時間長短、情感強度、親密程度、是否自覺地互利互惠，以及是否有血緣、家族關係等劃分爲「強連結」和「弱連結」這兩種關係。

在此這裡有一個事實可供佐證—能幫助你的貴人往往都是一些「小人物」。我們多半在需要幫助時候得到關照、能夠拿到比較好的資源，而這些往往來自於一些小人物的幫助。原因是只有「小人物」更容易記住你，反觀我們口中的「大人物」常因個人背景或朋友圈不對等，他們可選擇的物件更多，故而不可能會注意到有我們這一號「小」人物。

永遠不要忽視「小人物」，他們因爲處於第一線，接觸到的資訊更多，說不定哪天就會讓你對接上一個非常好的資源。記得我自己身邊就有非常多這樣的案例，經常引薦大單給我的人，往往就是某企業的基礎業務員，而非該公司的管理高層。

盤點人際關係的妙方

上述這個理論在現行的短視頻行業尤其適用，成就百萬粉絲博主的項目，一場直播帶貨創造的上千萬收益，往往不是大咖們打造的成果，這剛好是千千萬萬個普通人貢獻而來的成就。

盤點完自己的人際關係之後，我們還需要盤活這些人際關係，以下三個方法供大家參考。

方法1 主動聯絡，增加彼此的黏著度

俗話說「無事不登三寶殿」，當遇到事情需要親自登門拜訪求助時，你覺得自己獲得幫助的機率是多少？想必多數人遇上的一定是這種情況：去時感覺尷尬，等待時惴惴不安，出來後方覺如釋重負。而你之所以會有這種感覺，無非是因爲平日並未多走動，與這些朋友缺乏情感上的連接，所以才會在需要別人幫忙時，連話都說不出口……。

接下來，我會給大家幾個小建議，幫助你維繫現有的人際關係網路。

（1）**關注朋友的興趣**。沒有人不喜歡被愛、被關注，當你和朋友在一起談到個人的興趣愛好時，我建議你一定要留意，然後適當地把對方關注的興趣點相關的新聞、熱門話題、上市新品等訊息推薦給他。這樣既可增加更多的共通話題，也能讓朋友知道，你一直都很關心跟他有關的人事物。例如時不時地郵寄一些小禮物或對方感興趣的書籍給他，讓對方感到驚喜或小確幸。

（2）**關注朋友的日常感受**。在日常生活中，多關心朋友的健康和心理變化，並進行合理的疏導，打開他們的心結。經常結伴而行，參加一些娛樂活動，增進彼此之間的情感交流。當朋友有事時一定要親力親爲，只有把朋友的事當成自己的事，他們才會把你的事也當成他自己的事情來看待。

（3）**增加情感溝通的頻率**。現今網路交流非常發達，我們可以分門別類地將自己的「強連結」和「弱連結」通通規劃完畢，哪些是每個月都要聯繫的，哪些是半年聯繫一次就好的。每一段關係，若未長期累積互動或保持聯繫，哪怕是血肉親情，情感連接也會漸漸變淡的。

方法2　主動湊局，有話「見面」說

所謂「線上聊千句，不如線下見一面」。即使是已在網路上的社交平台進行了一段時間和程度的溝通，大家還是需要實際找個時間一起見面、聚餐，藉以聯絡感情，例如一起吃飯、喝茶、爬山、看電影等都好。這些方法不但適用於新交的朋友身上，對於一些溝通頻率較低的「強連結」關係也很有用，可以進行有效地啓動。

那麼，怎麼邀請才能減少被拒絕的可能？

（1）邀約好友一起吃飯。對於只有一面之緣的朋友，或是經他人介紹認識的目標人脈，如果你想約對方一起吃飯、好好聊一下，但又擔心對方拒絕……，那麼，不妨邀請兩人都認識的共同好友一起赴約，藉以避免單獨相處時的尷尬。

（2）找離對方工作地點近的地方吃飯，就從午餐約起。這樣既不會讓對方感到壓力，也能增加邀約成功的可能性。需要注意的是，建議至少提前三天邀請對方

。例如「你好，我下周一剛好在你公司附近辦事，方便一起吃中飯嗎？想約你吃個飯，聊聊天。」

（3）邀請對方時要明說自己的目的。要釐清自己能給對方帶來什麼價值？也要清楚自己需要從對方那裡獲得什麼幫助？比如「您好，我最近在XX律所事務所上班，聽朋友說過您在這個行業裡很有威望，所以非常想跟您取經，也看看我對您的業務有無什麼幫助？您下週三或週四中午有時間一起吃個飯嗎？」

方法3 發揮「橋樑」的作用

對於普通人來說，你如果沒有資源去成爲某個社群的核心，怎樣才能讓你在社交網路中更有價值？很簡單，那就是擔起連接圈子和圈子、人和人之間橋樑的角色。比如把你認識的人介紹給可能和他有合作機會的朋友，促成雙方的合作。或是把對你來說並無價值，但對另一個人關係重大的資料分享給他。

把你用不上的資源、管道共用給眞正需要它的人，很重要。

分享並不會讓你有什麼損失，這些閒置的資源有時反而能在管道中流動、發揮價值，你會因爲取得在資訊傳遞中的關鍵地位，無形中提升了自我價值。我就習慣這樣做，如果發現兩個朋友之間有很好的合作契機，我會主動介紹雙方認識。這樣一來會自然地形成一種良性的輪迴，朋友也會經常介紹資源給我。久而久之，人際關係自然活絡起來。

盤點人脈資料庫的方法

- 主動聯絡，增加友誼的黏著度
- 主動湊局，有話「見面」說
- 發揮「橋樑」的作用

1.（1943.10.20～）美國社會學家，以研究社會網絡和經濟社會學理論而成名。發表的論文是史上被引用最多次的學者之一（資料來源：維基百科）。

打破同溫層

——放棄固守角落，走出自我一片天

按照本節內容中學到的知識，為自己制訂一個「打破同溫層」的計畫。

你也許曾經這麼想過：

爲什麼別人年紀輕輕就可以成爲身價破億的CEO，而自己卻只是領固定薪水的上班族？

爲什麼比自己年紀還小的人竟當上年薪破百萬的總經理？

爲什麼他不到三十歲就成爲投資人心中的合夥人？

＊＊＊

請記得，在羨慕別人的同時，你一定也自己能在某年的某一天實現打破同溫層的心願，不再指是一個平凡的上班族。所以，這節內容就要爲大家時間心願：打破同溫層。

何謂「打破同溫層」？

什麼是打破同溫層？

容我舉幾個簡單的例子：

假設你現在是一名上班族，你想成爲某企業的高階主管；你是某企業的部門主管，你想晉級成該行業的意見領袖或菁英；你平時參加的都是小型活動，你心裡其實很想被邀請出席菁英雲集的行業高峰會……這些都是想要實現「打破同溫層」的心理。而所謂的「打破同溫層」，就是打破現有的圈層，邁向人生的更高峰，獲得精彩的人生體驗和際遇。

那麼，想要突破圈層需要考慮哪些層面呢？

第一層 突破思維、格局、價值觀

這是明道立德的人格基礎。這個基礎越扎實，未來的人生道路才越有可能做到行穩致遠。俗話說「基礎不牢，地動山搖」。很多人靠著才華和天分爆紅，卻因基礎不牢固，思維、格局和價值觀出現問題，於是又跌落回到起點，甚至墜入深淵。

所以，我把這第一層設定爲自我圈層的突破。所謂「自我圈層」其實就是我們常說的「舒適圈」。我們可以把圈層分爲四種，由內到外分別是舒適圈、恐懼圈、學習圈和成長圈，每個圈層都有與之對應的一些狀態。

（1）**舒適圈，也稱「心理舒適區」**。在這個圈層中的狀態是滿足當下、安逸度日，往往是一個人習慣已久的舒適與享受的區間。

（2）**恐懼圈**。在這個圈層中的狀態是缺乏自信、尋找借口、容易受到他人的影響。

（3）**學習圈**。在這個圈層中會面臨挑戰和困難、掌握新的技能、拓展你的舒適圈。

（4）**成長圈**。在這個圈層中我們會找到自己的目標、擁有自己的夢想。想要實現圈層突破，首先要做的是自己內部的圈層突破，實現自我成長，並逐步突破舒適圈、戰勝恐懼圈、拓展學習圈、建立成長圈。

第二層　突破能力、人脈、社交圈

擁有人格基礎，還得具備專業能力並用之於社會，才能實現突破第二個圈層的人生目標，並由此進入某個專業領域的圈子裡共享資源，像商業圈、學術圈、興趣圈等。

第三層　突破事業、財富、影響力

這是個人揚名立萬的階段，想突破這個圈層，你必須具備兩個條件，一是個人能力，二是社會潮流。俗話說「時勢造英雄」，如果你的個人能力正好吻合社會的主流需求，則有可能實現突破第三個圈層的人生目標，擁有事業、財富和影響力。

「打破同溫層」的步驟

打破同溫層對於普通的個體而言，最簡單、最有效、最快實現的方式就是持續累積優質的人脈資源，並且進行深層次的雙向互動。而「打破同溫層」則有以下四個步驟：

步驟1 停止幻想

如果你沒有可供支持自己持續發展的人脈，也未發現諸多可能性的視野和認知，更無可供翻身逆襲的資金，也欠缺創造高附加值的能力，甚至毫無可傍身的一技之長，那又該如何「逆襲」呢？

我自認並非悲觀的人，但我還眞要給你一個當頭棒喝就是「置之死地而後生」。考慮最壞的情況是什麼？如果眞的發生，自己應該怎麼辦？是否有應對措施？如果最壞的情況你都能應對，那麼也就算是有「觸底反彈」的勇氣和決心。既要對未來報以希望，同時還要公正客觀的評估與預判現況，不存在過度幻想天上掉餡餅的傻念頭，明白要腳踏實地，一步一腳印地朝著自己的階段目標去努力。

《孫子兵法》裡有句話：「不可勝在己，可勝在敵。」[1]後人解釋爲：「勝與不勝在於彼，敗與不敗在於己。」意思是說，一場戰爭能否勝利，不在於我們自己，而在於對手有沒有犯錯、內部是否團結、部署是否合理，以及有沒有做好充分的準備？同樣，我們是否會失敗，也不在於對方是否足夠強大，而是看我們自己是否會出現失誤。所以，我們需要做好關於自己的這部分，思慮周全，**不把成功的幻想寄託在他人身上，才有可能立於不敗之地**。

步驟 2　打破「存量思維」

有些老人家一輩子節衣縮食，捨不得吃喝，本應把錢花在提升生活品質的地方，卻總認爲「沒必要」，最後就是把錢全花在了自己年老住院看護上；有人在與他人交往時，心裡總在盤算著對方能給他帶來什麼利益，因此失去了很多貴人；有些人則是做事畏首畏尾，總想著自己好像不行，遇上一點困難就止步不前。

相信你對這些情況都不陌生……。

當一個人只是關注在「我有什麼」的時候，就不會放大格局地想「我想要什麼」，做事若只從現有資源出發，成功機率往往都很小；當一個人關注「我曾經是誰」的時候，就不會去思考「我想成爲誰」，做事若格局放太小，總習慣從原有角度、經驗、資源出發，那麼成功機率自然就變小。

從「我想成爲誰」和「我想要什麼」出發，而不是「我曾經是誰」和「我有什麼」出發，這正是擺脫束縛、打破同溫層的關鍵。

步驟3 投資自己

若說打破同溫層是持續投資自己的結果，那麼學習就是投資自己的最佳方式。學習可讓一個人打開視野、轉變認知，擁有更豐富的人生。把學習的事情分爲三類：想做的、喜歡做的和必須做的。任何一件想做而沒做過的事情，比如創業；任何一件做過而喜歡的事情，比如經商；任何一件必須要做的事情，比如考試等，這都是學習的方向。

對於普通人來說，讀書是一個人所能接觸到，最廉價的學習方式。我們要**學會站在巨人的肩膀上看事情**，名人傳記或商業精英的書籍，往往包含著他們如何成就今天的輝煌，或是在突破圈層的過程中踩過的「雷」。我們通過瞭解他們的經歷，從中吸取一些適合我們自身的經驗，來爲我們打破同溫層提供一些方向和智慧。

步驟4　善用人脈資源

不論是工作轉型、生活社交，還是在幫助我們實現打破同溫層的目標上，人脈資源都是非常重要的關鍵。我們要**深刻體悟到人脈對自己的重要，並且學會藉助人脈的力量**。

前面講到的「管理人脈：讓你在關鍵時刻，找對人……」、「活化關係：確定親疏遠近，盤點人脈且爲己所用」等內容，都是可以幫助你高效利用人脈資源來實現「打破同溫層」的方式。本書呈現的內容是個人在成長過程中的一些實用技巧，我覺得有必要分享出來讓更多人受益。希望可以帶給大家啓發和收穫，更期待未來能在某一個高處相逢！

人際關係是一個人在工作專業與生活成熟度的外化表現，我們不用見招拆招地應對自己的人際關係問題，也不需要把過多的精力放在處理、維護、修復人際關係上，而應培養成長型思維，認識並釐清自己想要的生活狀態，認清自己與外部世界的關係，這樣自然就能協調好自己與人、事、物之間的關係，找到令自己舒服的相處模式。

期待每個人都能擁有良好的人際關係，同時也能被良好的人際關係滋養！

人脈交誼廳

「打破同溫層」的步驟

- 停止幻想
- 打破存量思維
- 投資自己
- 活用人脈資源

1. 原文出自《孫子兵法・軍形篇》。

人際關係自我評估測驗

請指出下列關於人際關係技能的描述，在多大程度是符合你的傾向，請儘量客觀作答。爲了讓你對自己能力評估的結果更加客觀，可請其他了解你的人，如家庭成員、朋友或同事在這些因素上對你進行評價，並請使用下面這個量表做評估：

1 = 非常不符合，2 = 不符合，3 = 基本符合，4 = 符合，5 = 非常符合。

我	自我評價	他人評價
在與別人交談時，會很認真地聆聽對方人說話。		
經常微笑。		
會以一種圓滑的方式批評別人。		
在與不同年齡的人相處時，感覺融洽。		
在與不同種族的人相處時，感覺融洽。		
在與不同民族或者國家的人相處時，感覺融洽。		
當與某人意見相左時，會讓他知道自己的感受。		

當為某件事感到高興時，會讓他人知道自己的感受。		
保持衣著整潔、得體。		
當比賽或運動輸了，會衷心祝賀獲勝者。		
即使有電話插播也會專心與人交談而非接聽來電，會使用來電等待或語音信箱等方式。		
在應該讚美他人時，不會吝惜讚美之詞。		
富有幽默感。		
當他人不理解自己想要表達的意思，你會耐心地加以解釋。		
會與他人在團隊合作。		
能夠控制脾氣。		
因生性真誠、可靠而受到尊重。		
只要當下情況允許，你習慣會擁抱他人。		
生性受到他人信任。		
擅於激勵他人去做自己從未做過的事。		
採用直接交流的方式解決問題，而非使用短訊。		

資料來源：《人際關係：職業發展與個人成功心理學》安德魯 J. 杜布林（Andrew J.DuBrin）著；機械工業出版社；2014.12.01

總分：

計分與結果解釋：

★自評：

85分（及以上），你擁有良好的人際關係技能。

60～84分，人際關係技能中等水準。

59分（及以下），你的人際關係技能（問卷中所包含的）位於平均水準以下。

★他評：

因爲人們在評價人際關係技巧時，傾向於用更嚴格的標準評價別人，所以請使用下面的計分方法80分（及以上），你擁有良好的人際關係技能。

55～79分，說明你的人際關係技能位於中等水準。

54分（及以下），你的人際關係技能（問卷中所包含的）位於平均水準以下。

★綜合評價：

165分（及以上），你擁有良好的人際關係技能。

115～164分，人際關係技能中等。

114分及以下，你的人際關係技能（問卷中所包含的）位於平均水準以下。

★行動計畫：

不論得分高低，你都有提升的空間。就像運動員、演員甚至是音樂家一樣，他們都在不斷尋找提升技能的方法。如果你的得分處於最低標準，正好說明你的當務之急就是儘快提升人際關係技巧。

觀成長

假面社交：不與世界爲敵的生存之道

作　　者　李軒洋
視覺設計　徐思文
主　　編　林憶純
行銷企劃　蔡雨庭

總 編 輯　梁芳春
董 事 長　趙政岷
出 版 者　時報文化出版企業股份有限公司
108019台北市和平西路三段240號
發行專線（02）2306-6842
讀者服務專線　0800-231-705、（02）2304-7103
讀者服務傳真（02）2304-6858
郵撥　19344724 時報文化出版公司
信箱　10899臺北華江橋郵局第99信箱
時報悅讀網　www.readingtimes.com.tw
電子郵箱　yoho@readingtimes.com.tw
法律顧問　理律法律事務所　陳長文律師、李念祖律師
印　　刷　勁達印刷有限公司
初版一刷　二〇二三年十一月十七日
定　　價　新台幣三六〇元
版權所有　翻印必究
（缺頁或破損的書，請寄回更換）

時報文化出版公司成立於1975年，並於1999年股票上櫃公開發行，於2008年脫離中時集團非屬旺中，以「尊重智慧與創意的文化事業」為信念。

本作品中文繁體版通過成都天鳶文化傳播有限公司代理，經北京時代華語國際傳媒股份有限公司授予時報文化出版企業股份有限公司獨家發行，非經書面同意，不得以任何形式，任意重製轉載。

假面社交：不與世界為敵的生存之道 / 李軒洋. -- 初版. -- 臺北市：時報文化出版企業股份有限公司，2023.11
248面；14.8*21公分. --（觀成長）
ISBN 978-626-374-271-0（平裝）
1.CST: 人際關係 2.CST: 人際傳播 3.CST: 成功法
177.3　　112013854

ISBN 978-626-374-271-0
Printed in Taiwan.